本书由
中央高校建设世界一流大学（学科）
和特色发展引导专项资金
资助

中南财经政法大学“双一流”建设文库

全 | 球 | 治 | 理 | 系 | 列 |

推进外贸体制改革研究

——基于制度质量视角的贸易政策体系分析

黄汉民　等著

中国财经出版传媒集团
中国财政经济出版社

图书在版编目（CIP）数据

推进外贸体制改革研究：基于制度质量视角的贸易政策体系分析／黄汉民等著．--北京：中国财政经济出版社，2019.12

（中南财经政法大学“双一流”建设文库．全球治理系列）

ISBN 978-7-5095-9452-0

Ⅰ.①推… Ⅱ.①黄… Ⅲ.①外贸体制改革－研究－中国 Ⅳ.①F752

中国版本图书馆CIP数据核字（2019）第254568号

责任编辑：胡　博　　　　责任校对：张　凡

封面设计：陈宇琰

推进外贸体制改革研究

——基于制度质量视角的贸易政策体系分析

TUIJIN WAIMAO TIZHI GAIGE YANJIU

——JIYU ZHIDU ZHILIANG SHIJIAO DE MAOYI ZHENGCE TIXI FENXI

中国财政经济出版社 出版

URL：http：//www.cfeph.cn

E-mail：cfeph@cfemg.cn

社址：北京市海淀区阜成路甲28号　邮政编码：100142

营销中心电话：010-88191537

北京财经印刷厂印装　各地新华书店经销

787×1092毫米　16开　11.75印张　188 000字

2019年12月第1版　2019年12月北京第1次印刷

定价：53.00元

ISBN 978-7-5095-9452-0

（图书出现印装问题，本社负责调换）

本社质量投诉电话：010-88190744

打击盗版举报热线：010-88191661　QQ：2242791300

总　序

“中南财经政法大学‘双一流’建设文库”是中南财经政法大学组织出版的系列学术丛书，是学校“双一流”建设的特色项目和重要学术成果的展现。

中南财经政法大学源起于1948年以邓小平为第一书记的中共中央中原局在挺进中原、解放全中国的革命烽烟中创建的中原大学。1953年，以中原大学财经学院、政法学院为基础，荟萃中南地区多所高等院校的财经、政法系科与学术精英，成立中南财经学院和中南政法学院。之后学校历经湖北大学、湖北财经专科学校、湖北财经学院、复建中南政法学院、中南财经大学的发展时期。2000年5月26日，同根同源的中南财经大学与中南政法学院合并组建“中南财经政法大学”，成为一所财经、政法“强强联合”的人文社科类高校。2005年，学校入选国家“211工程”重点建设高校；2011年，学校入选国家“985工程优势学科创新平台”项目重点建设高校；2017年，学校入选世界一流大学和一流学科（简称“双一流”）建设高校。70年来，中南财经政法大学与新中国同呼吸、共命运，奋勇投身于中华民族从自强独立走向民主富强的复兴征程，参与缔造了新中国高等财经、政法教育从创立到繁荣的学科历史。

“板凳要坐十年冷，文章不写一句空”，作为一所传承红色基因的人文社科大学，中南财经政法大学将范文澜和潘梓年等前贤们坚守的马克思主义革命学风和严谨务实的学术品格内化为学术文化基因。学校继承优良学术传统，深入推进师德师风建设，改革完善人才引育机制，营造风清气正的学术氛围，为人才辈出提供良好的学术环境。入选“双一流”建设高校，是党和国家对学校70年办学历史、办学成就和办学特色的充分认可。“中南大”人不忘初心，牢记使命，以立德树人为根本，以“中国特色、世界一流”为核心，坚持内涵发展，“双一流”建设取得显著进步：学科体系不断健全，人才体系初步成型，师资队伍不断壮大，研究水平和创新能力不断提高，现代大学治理体系不断完善，国际交流合作优化升级，综合实力和核心竞争力显著提升，为在2048年建校百年时，实现主干学科跻身世界一流学科行列的发展愿景打下了坚实根基。

“当代中国正经历着我国历史上最为广泛而深刻的社会变革，也正在进行着人类历史上最为宏大而独特的实践创新”，“这是一个需要理论而且一定能够产生理论的时代，这是一个需要思想而且一定能够产生思想的时代”①。坚持和发展中国特色社会主义，统筹推进“五位一体”总体布局和协调推进“四个全面”战略布局，实现“两个一百年”奋斗目标、实现中华民族伟大复兴的中国梦，需要构建中国特色哲学社会科学体系。市场经济就是法治经济，法学和经济学是哲学社会科学的重要支撑学科，是新时代构建中国特色哲学社会科学体系的着力点、着重点。法学与经济学交叉融合成为哲学社会科学创新发展的重要动力，也为塑造中国学术自主性提供了重大机遇。学校坚持财经政法融通的办学定位和学科学术发展战略，“双一流”建设以来，以“法与经济学科群”为引领，以构建中国特色法学和经济学学科、学术、话语体系为己任，立足新时代中国特色社会主义伟大实践，发掘中国传统经济思想、法律文化智慧，提炼中国经济发展与法治实践经验，推动马克思主义法学和经济学中国化、现代化、国际化，产出了一批高质量的研究成果，“中南财经政法大学‘双一流’建设文库”即为其中部分学术成果的展现。

文库首批遴选、出版二百余册专著，以区域发展、长江经济带、“一带一路”、创新治理、中国经济发展、贸易冲突、全球治理、数字经济、文化传承、生态文明等十个主题系列呈现，通过问题导向、概念共享，探寻中华文明生生不息的内在复杂性与合理性，阐释新时代中国经济、法治成就与自信，展望人类命运共同体构建过程中所呈现的新生态体系，为解决全球经济、法治问题提供创新性思路和方案，进一步促进财经政法融合发展、范式更新。本文库的著者有德高望重的学科开拓者、奠基人，有风华正茂的学术带头人和领军人物，亦有崭露头角的青年一代，老中青学者秉持家国情怀，述学立论、建言献策，彰显“中南大”经世济民的学术底蕴和薪火相传的人才体系。放眼未来、走向世界，我们以习近平新时代中国特色社会主义思想为指导，砥砺前行，凝心聚

① 习近平：《在哲学社会科学工作座谈会上的讲话》，2016年5月17日。

力推进“双一流”加快建设、特色建设、高质量建设，开创“中南学派”，以中国理论、中国实践引领法学和经济学研究的国际前沿，为世界经济发展、法治建设做出卓越贡献。为此，我们将积极回应社会发展出现的新问题、新趋势，不断推出新的主题系列，以增强文库的开放性和丰富性。

“中南财经政法大学‘双一流’建设文库”的出版工作是一个系统工程，它的推进得到相关学院和出版单位的鼎力支持，学者们精益求精、数易其稿，付出极大辛劳。在此，我们向所有作者以及参与编纂工作的同志们致以诚挚的谢意！

因时间所囿，不妥之处还恳请广大读者和同行包涵、指正！

中南财经政法大学校长

目　录

第一章　项目研究意义与相关文献综述

第一节　项目研究的意义及背景

改革开放30多年来，我国的对外贸易取得了令人惊叹的发展成就。进出口贸易总额从1978年的206.4亿美元发展到了2012年的3.87万亿美元；我国在世界贸易中的地位排名，也从1978年的第32位，上升到2012年的第2位，已成为名副其实的世界贸易大国。与此同时，经过30余年的改革，我国已初步建立了一个基本符合市场经济要求和国际贸易惯例、并具有本国特点的外贸管理体制。

我国对外贸易规模的急剧扩张，并未相应改善对外贸易长期存在的质量、效益及结构问题，伴随贸易的高速发展，我国现行经济及贸易增长方式的内在缺陷进一步凸显。无论从我国出口相关产业及企业的国际竞争实力、出口产品的技术含量和附加价值，还是从所拥有的自主品牌及国际营销渠道等看来，我们与世界贸易强国仍存在着相当大的差距。显然，不论从我国社会主义市场经济的发展的内在需要，还是从WTO体制框架的客观要求，特别是从转变经济增长方式、构建内外结合、以内生性增长为主的经济发展模式来看，我国的外贸体制必须进一步深化改革。现行侧重于数量扩张的贸易体系，必须转变为以集约增长为主的、内外融通的综合贸易体系。

从深层次上看，我国经济及贸易增长方式的内在缺陷，与现行的经济体制及贸易体制有着密切关系。中国经济及贸易发展的数量型扩张痼疾，根源于我国现行经济管理体制。政府主导而非市场主导的经济发展方式，客观上决定了我国经济及贸易发展的粗放式数量扩张。因此，转变经济及贸易的发展方式，成为我国贸易发展向质量型增长转变的首要基础条件。国际发展经验表明，经济及贸易的质量型增长依赖于相对有效的市场制度体系、合理的政府行为和具有竞争活力的企业组织。

我们认为，现阶段推进外贸体制改革的关键在于，创造合理的制度环境，加快实现贸易增长方式的转变。为此，必须按照市场经济发展的内在要求，进一步优化贸易制度安排。通过提高贸易制度质量，改善经济贸易运行环境，促进我国经济结构及贸易结构的演进与升级，保障经济转型背景下国家经济工业化进程的顺利进行。

经济发展的国际经验也表明，一国贸易体制的成功与否，相当程度上取决于该国贸易政策的合理安排和运用。对于处于经济转型与经济工业化综合进程的我国经济而言，构建适应经济发展新形势的贸易政策体系，已成为现阶段推进外贸体制改革、促进贸易方式转变和贸易结构升级的紧迫任务。

本项目拟运用制度质量分析框架，系统研究我国经济综合转型下的贸易政策体系问题。试图从改善贸易制度质量出发，以贸易政策体系为中介目标，改进适应新时期我国经济发展要求的贸易制度体系，从而推进我国外贸体制改革的深化。

第二节　国内外相关研究文献综述

从制度质量的视角研究贸易发展与经济增长问题，是国际经济理论研究中的一个新领域。该领域的早期研究可以追溯至诺斯（1981）的成果，诺思认为，只有那些具备有效率制度的国家获得了发展并繁荣，而那些具备无效率制度的国家则没有发展。然而，运用制度质量分析深入研究贸易问题，较长时期并未引起经济学主流的重视或关注。近几年来，国内外一些经济学家已开始从制度质量角度研究国际贸易问题，并取得了一批较高质量的研究成果。

一、制度质量与经济增长

（一）制度有效性与经济增长

自诺斯（1981）指出制度是一国经济增长和经济发展的决定性因素以来，

制度和经济增长的关系一直是讨论热点。诺斯认为制度才是经济增长的根本原因，技术进步和资本积累等因素是经济增长本身而并非是经济增长的原因。许多制度性特征尤其是与对私有产权的保护相联系的制度性特征能够带来高的确定性和对生产行为的激励。较高的制度质量通过向政治和经济行为人的诚实行为提供激励，可以确保经济活动的结果更有预见性，进而对生产性行为而不是非生产性行为提供激励。

Rodrik（2002）提出“制度统治”观点，认为要素积累和生产率变迁是经济增长的表面原因。地理、一体化（贸易）和制度才是影响经济增长的深层原因，其中制度在这三者中居“主导”地位。地理通过影响一个国家的具体位置（纬度、距海的距离、气候）而给一国带来优势或劣势。贸易使一国融入世界市场，获得国际货物、服务、资本甚至是劳务贸易的利益。制度是指正式的和非正式的社会政治安排质量，产权、合理的规制结果，法院的独立与质量，以及官僚当局的能力等在很多情形下不是理所当然的，它们是启动和维持经济增长的最重要的因素。Acemoglu（2003）认为在过去的500年里，在欧洲殖民地国家当中，那些曾经富裕的国家现在变得贫穷。这种逆转对将地理因素和经济发展联系起来的观点提出挑战。事实上，这种逆转反映了欧洲殖民主义所带来的制度的变迁。欧洲对殖民地的入侵创造了殖民地的制度逆转。在原来贫困的地区，很少有人居住，这使得欧洲人大量进入，发展了激励投资的制度，带来了产权制度的发展。在原来富裕的地区，殖民者采用或维持了掠夺型制度。之所以在贫穷地区建立私有产权制度，是因为在富裕的地方实行掠夺型制度对于殖民者来说会获利更多一些。这种制度的逆转，最终带来了不同的经济结果。Dollar和Kraay（2003）认为拥有良好的制度的国家以及国际贸易频繁的国家，经济增长通常较快，而那些拥有良好制度的国家通常进行的国际交易也更多。他使用每十年的经济增长率作为被解释变量，用贸易的变化和制度质量的变化作为解释变量，用工具变量法进行回归。在长期中，制度和贸易共同对经济增长起作用；而在短期，贸易对经济增长的作用更大一些。Heckelman和Benjamin（2010）研究发现腐败在经济自由度最低时可以加速经济增长，但是随着经济自由度的增加，这一有利影响逐渐降低。由此可见，腐败是不可持续发展的源泉（Toke，2009）。

（二）制度稳定性与经济增长

Olson（1982）是最早关注制度稳定性的学者之一，他强调，如果利益集团致力于保持低制度质量的话，不稳定性可能会减少利益集团特别是组织良好的利益集团的影响。Olson 的理论机制是：制度的不稳定性对所有社会中的经济人意味着交易成本，而对政治活动者如利益集团则可能意味着高的交易成本。在某些情况下制度的稳定性被称为“制度硬化”。制度的不稳定会改变政治权力的平衡性，增加政治活动的交易成本，进而在一定时间内对经济增长是有利的。Knight 和 Johnson（2007）认为，既然很难知道如何设计最优的制度，那么制度实验——尝试并比较不同的制度安排——可能会产生较好的经济产出。注意到经济环境是在不断变化的（最近的一个例子便是互联网的兴起，给经济和司法都带来了新的挑战），这样的一些较小的实验会反映出最优的制度调整。这虽然会带来制度的变迁和不稳定性，但也会带来高的制度质量，进而带来高的经济增长率。

高的制度质量能够降低经济交易和生产性激励活动中的不确定性，是增长促进型的。然而要提高制度质量，一国必须经历一系列的制度改革和由此产生的一段时期的制度不稳定。制度变迁本身和产生的制度不稳定性在理论上对经济增长的影响是不确定的。对长期经济增长有利的制度变迁，在短期内可能会因为制度的不稳定性产生阻碍经济增长的转型成本。制度变迁反映的也可能是对不断变化环境的最佳调整，在这种情况下，制度的稳定性便与制度僵化和低增长相联系。Pitlik（2002）研究发现易变的自由化政策阻碍经济增长，即使这一政策在长期中是以市场为导向的。Berggren 和 Bergh（2012）运用 132 个国家的数据研究发现制度质量与经济增长正相关，制度的不稳定性与经济增长负相关。Davis（2010）使用模型验证了制度质量——产权集和制度适应性（Flexibility）——发展新制度的能力与动态经济绩效的关系。其结论表明，制度质量的提升可以降低市场交易成本，促进经济增长，这种促进作用是即时的、短暂的，制度适应性的提高对经济增长的促进是有时滞的，但却是永久性的。Sato，Samreth 和 Sasaki（2011）的研究表明高的制度质量可以减少经济发展（用真实的储蓄率作为代理变量）的波动性，在经济的可持续发展中起着十分重要的作用。Klomp 和 Haan（2009）使用 1960—2005 年 100 个国家的面板数据，考虑了各种控制变量之后，检验了制度对经济增长波动性的影响。结果表明民主能够降低经济的波动性，政治的不稳定和政策不确定性会增加经济的波动。

国内学者也对制度质量和经济增长之间的关系进行了相关研究，并取得了一些有代表性的研究成果。潘向东、廖进中、赖明勇（2005）使用跨国面板数据，研究发现在所有的经济制度安排变量中，一国产权的保护程度对该国经济增长的影响作用最大。钟昌标、李富强、王林辉（2006）的研究发现，近些年中国的经济制度对于经济增长至关重要，在当前的经济增长中，政府起着不可忽视乃至决定性的作用。李富强、董直庆、王林辉（2008）从理论和经验两个层面验证了制度不仅直接作用于经济增长，而且还通过影响生产要素投入和配置效率来促进经济增长，认为产权制度是我国现阶段经济增长的最主要动力。刘文革、高伟（2008）的研究表明，制度对经济增长的影响在短期内不显著，但在长期内十分显著。制度、劳动和资本三者之间在长期内存在着协整关系，制度对产出有统计意义上的显著的正向作用。另外，制度因素对经济增长的促进作用在改革开放前后有所不同，制度因素对经济增长的贡献力在改革后明显更大一些。

二、制度质量与贸易增长

制度质量与贸易发展较长时期并未引起经济学主流的重视或关注。近几年来，越来越多的学者已开始从制度质量角度研究贸易问题，并取得了一批较高质量的研究成果。概括起来，主要有两方面：

一类文献重点关注制度质量的有效性对国际贸易和经济增长的促进作用。Na-Chiengmai（2001）研究了制度质量（由知识产权指数来衡量）对贸易和 FDI 的影响，发现良好的知识产权保护将扩大贸易流量并增加外国投资。Anderson and Marcouiller（2002）采用世界经济论坛关于商人对合约实施和腐败的调查数据作为制度质量指数，发现差的制度质量对贸易有充分的负面影响。David Dollar，Aart Kraay（2003）认为拥有良好制度的国家通常进行的国际交易也更多，即良好的制度质量对国际贸易有促进作用。Henri L. F. de Groot et al.（2003）通过使用 1998 年各国双边贸易流量数据，运用扩展的引力模型，发现良好的正式制度质量会带来更多的贸易量，如果两国的制度框架相似，那么两国的双边贸易量平均会增加 13%。Sjoerd Beugelsdijk et al.（2004）研究发现制度距离对贸易的影响呈倒 U 型，而制度距离对出口的影响呈负相关关系。Bineswaree and Freund（2004）编制了一个规制指数，用以检验 108 个国家的贸易和收入水平以及贸易和增长率之间的关联度。其结论是规制过度的国家很难从贸易中获益。Jansen and Nordås（2004）以政府效率、法律规则和腐败控制等三个指标来测度制度质量，分析了制度质量对总体贸易流量和贸易方向的影响。Borrmann and Busse（2006）使用跨国面板模型和工具变量法，发现拥有低制度质量的国家往往从贸易中获利较少。劳动力市场规则是降低与贸易有关的适应性成本的关键，市场准入规则、税收制度效率、法治以及政府效能也在一定程度上降低与贸易有关的适应性成本。Pierre-Guillaume Meon，Khalid Sekkat（2006）使用1990—2000年的跨国面板数据，研究发现制度质量对制成品和非制成品的影响作用不同。Sambit Bhattacharyya（2008）发现一国要想从贸易中获利，其制度质量必须达到一定的门槛水平。

另一类文献则从政策稳定性的角度来关注制度质量对国际贸易和经济增长的重要性。现有文献主要从三个侧面考察政策的稳定性：一是各种政策的波动性，它提高了投资和增长的成本（Calvo，1988；Dixit，1989）；二是政府的政策承诺，它取决于国家处理国内外事务的能力、利益集团的压力等（Fernandez and Rodrik，1998）；三是政策一致性问题，主要强调各种政策之间的兼容性。在上述研究的基础上，Borja（2005）从政策波动性、政府政策承诺和政策一致性这三个角度构建了一个贸易政策不稳定性指数，实证研究了90个国家1970—2000年贸易政策不稳定对经济增长的影响。

国内的学者基于我国外贸发展的实践，对贸易体制改革问题进行了深入的研究，并取得了一系列丰硕成果，出现了一批代表性的成果。

鲁明泓（1999）用全世界110多个国家或地区的数据分析了10多个制度变量对国际直接投资的影响。俞剑平、张小蒂（2001）认为，和以往遵循货物、服务及资本方面的差价套利原则不同，当前的国际贸易所遵循的是制度方面的差异套利原则。国与国之间的制度差异构成了国与国之间的比较优势的差异，使得一国在产权、激励机制以及外向型经济中所产生的作用程度不同，在推动国际贸易和经济全球化的进程方面所产生的结果也不尽相同。张伟（2003）认为贸易制度的建立和完善会促进贸易的发展，因为制度的完善可以减少交易成本，使个人收益和社会收益相接近，对个人或组织从事贸易活动产生激励作用。对发展中国家的贸易发展而言，制度因素的作用非常重要。如何选择制度变迁的路径，如何作出正确的制度安排，对发展中国家贸易发展有可能起着决定性的影响作用。

唐海燕（2005）认为制度可以最大限度地降低市场中的不确定性，使得交易者的交易后果具有可预测性和可计量性。这有助于市场交易主体作出决策，也利于贸易主体开展贸易活动。市场经济法律制度的有效运行和不断完善，可以降低微观经济主体企业的交易成本，促使企业进行更深层次的专业化分工和生产，促进微观经济主体创新企业组织和贸易模式，成为对外贸易创新动力供给的重要源泉。

潘向东、赖明勇等（2005）运用跨国面板数据，分析了经济制度安排和贸易流量之间的相互关系，发现对一国贸易流量影响最大的经济制度安排变量是一国的贸易政策，一国的贸易政策越趋于市场化，该国的贸易流量就越大。潘镇（2006）将制度变量纳入扩展的重力模型，将低质量的制度和国与国之间的制度距离作为两个可能的贸易隐形成本，对153个国家的样本进行了实证。结果表明：贸易国的制度质量越差，其贸易就越不活跃；国与国之间的制度距离越大，对贸易的阻碍作用就越大。

蔡洁（2007）认为一国的制度越完善，该国发生的交易活动中的交易成本就越小，这种制度就可以因促进交易行为而增强该国的竞争优势。另外，如果两国之间的制度差异很大，那么这两国之间的制度运行成本就会上升，从而阻碍两国之间的贸易，还可能导致两国之间贸易摩擦的发生。熊锋、黄汉民（2009）认为贸易政策的制度质量分析框架除了包括制度有效性分析，还应当包括制度稳定性分析。贸易制度的稳定性是经济长期增长的需要，更是贸易制度变迁进入“梯形”上升演进通道的必要条件。郭苏文、黄汉民（2011）使用1995—2009年105个国家的样本平均每5年期的面板数据，从法律制度、微观经济制度和宏观经济制度三个维度来综合考察制度质量和制度稳定性对一国对外贸易的影响。结果表明：一国的制度质量越高、稳定性越强，其对外贸易增长就越快。制度质量对国际贸易促进作用的发挥，需要制度的稳定性作保障，制度质量和制度稳定性在促进对外贸易的发展方面具有协同作用。

从制度质量的国内外研究现状看来，尽管国内外理论界已经取得了一批具有较高质量的研究成果，特别在制度质量有关的数理分析方法方面，取得了实质性进展，为今后的研究提供了较为丰富的分析工具；但在制度质量的整体框架方面仍然没有形成完整的理论体系，大多从某一侧面去研究有关问题。特别是在运用制度质量方法，深入剖析特定国家制度体系的研究成果严重不足，未能充分揭示制度质量对贸易、经济增长的作用机理。此外，制度质量相关的研究成果数量仍不够丰富。

第三节　项目研究的内容、思路、方法和主要观点

一、主要研究内容

本项目研究主要包括以下三个部分：

第一部分：构建贸易政策的制度质量分析框架。该部分从经济发展和贸易发展的综合背景出发，研究制度质量的理论体系问题。目前国内外的研究只是分别从制度的有效性和制度的稳定性两个不同的侧面，来研究和测度制度质量。我们初步构建了制度有效性和制度稳定性统一纬度的分析框架，以求有益于经济发展中制度质量分析体系的完善。

第二部分：贸易制度质量的实证研究与比较研究。该部分从有效性、稳定性的统一视角，研究制度质量与贸易发展、经济增长的关系；在此基础上，运用跨国贸易引力模型和内生经济增长模型，比较研究发达国家与发展中国家的贸易政策体系质量问题。

第三部分：中国贸易政策的质量评价与制度优化。该部分基于有效性和稳定性统一纬度，从定性与定量两方面，系统评价我国改革开放以来贸易政策整体的制度质量状况，深入考察具体有关贸易政策（关税政策、出口退税政策等）的制度质量状况；并在此基础上，从体制转型和工业化进程的综合角度，研究我国贸易体制发展的路径依赖、贸易政策的取向选择与制度质量提升问题；最后，探讨现阶段我国贸易政策的体系完善问题。

二、基本研究思路

以上述研究内容，我们设计了项目研究技术路线（见图1－1），研究的思路和方法大致如下：

第一，通过更为广泛的文献纵览和数据搜集，进一步界定制度质量的内涵，从理论和经验层面论证有关测度指标体系设计，构建有效性与稳定性统一纬度

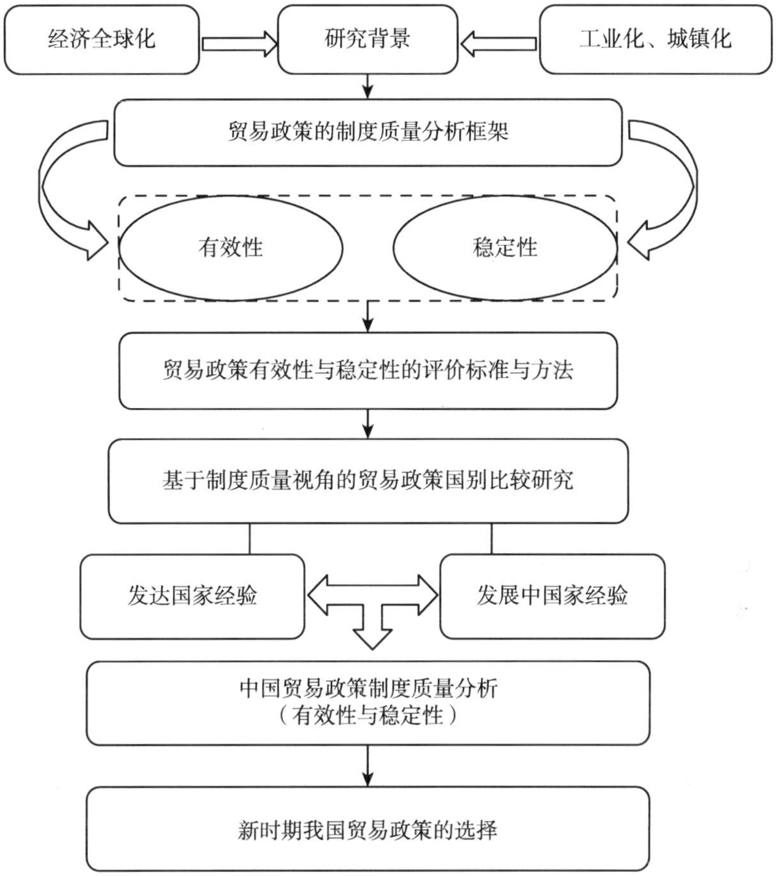

图1－1 项目研究技术路线图

的制度质量分析框架。

第二，采用贸易引力模型和内生增长模型，分析有关制度变量对贸易发展、经济增长的具体影响，并对实证结论进行理论分析和评价，提炼影响制度质量的关键因素。

第三，在多国样本分析基础上，对中国贸易政策的运行进行个案系统研究，并从改善贸易制度质量出发，构建适应新时期经济发展的贸易政策体系，推进我国的外贸体制改革。

本研究的重点：一是建立一个有效性与稳定性统一的制度质量分析框架，用以解释贸易政策及有关制度因素对贸易发展、经济增长的影响和机理；二是在系统评价我国贸易政策运行效果的基础上，以贸易政策体系为中介目标，探讨新时期我国贸易制度的质量改进问题。

本研究的主要观点：(1) 制度质量包括有效性和稳定性两个方面，好的制度既是有效的制度，也是相对稳定的制度；（2）贸易政策的形成与演进存在着路径依赖问题；（3）以贸易政策的质量改进为突破口，对于现阶段深化贸易体制改革具有重要的现实意义和应用价值。

本研究的创新之处：（1）研究视角具有新意。从制度质量角度系统研究贸易政策体系问题，现有研究中较为少见。（2）分析框架有一定创新。与以往的研究有所不同，本研究将有效性与稳定性整合于一体，用以分析制度质量问题，更具有综合性、系统性。

三、研究方法

本项目主要研究对外贸易的发展问题，通过制度的内生化作用机制，探讨制度质量和制度稳定性对对外贸易的影响，对我国的对外贸易发展战略和方式提出新的解释。研究方法主要有以下几种：

（一）理论分析与实证分析相结合的分析方法

文章以理论梳理为基础，分析制度质量影响国际贸易的机制，然后落脚于实证分析，从国际经验和中国经验的角度对贸易制度质量对对外贸易的影响进行了分析，努力做到理论分析与实证研究相辅相成、相互支持。

（二）文献归纳的方法

在充分把握丰富的历史文献的基础上，对国际贸易理论和新制度经济学理论关于对外贸易与制度质量探讨的相关研究成果进行归纳总结，并构建了制度质量、制度稳定性与中国对外贸易的研究框架。

（三）具体分析和抽象分析相结合的分析方法

制度有效性、制度稳定性是相对抽象的制度经济学范畴，其定量性的衡量具有一定的困难，而对外贸易和经济增长是相对具体的概念，有十分具体和明确的衡量指标。在分析中将抽象的制度概念应用到了具体的对外贸易概念的分析当中，实现了具体分析与抽象分析的有机结合。

四、研究的主要观点

（一）好的制度既是有效的制度，也是相对稳定的制度

制度质量包括制度有效性和制度稳定性两个方面，制度效率与制度稳定性

是一个有机的整体。有效性是制度的直接特性，稳定性是制度的长期特性，也是制度得以发挥效率的基础。只有将制度的有效性和稳定性纳入统一的纬度，才能全面地衡量一定制度的质量状况。

（二）高质量（制度有效性）的贸易政策促进一国对外贸易发展，低质量的贸易政策阻碍其对外贸易发展

高质量的贸易政策对一国的对外贸易具有促进作用。因为高质量的贸易政策通过减少经济交易和生产性激励活动中的不确定性，提供有效的产权、信任和有效的激励，减少了对外贸易商所面临交易的不确定性，进而降低了交易的成本，激励了微观经济个体的交易行为的增加和交易效率的提高。

低质量的贸易政策则对贸易有着明显阻碍作用。不良的贸易政策（如繁琐的规章及官僚作风）增加了出口商品的成本；增加贸易的风险或不确定性将导致出口减少；腐败及掠夺行为可能导致社会资源从生产性部门流向对产权的捍卫及寻租方面；贸易现实中不同国家的出口商在对进口商支付回扣的方面表现出的偏好程度不同，也会影响贸易的地理流向。

（三）不稳定的贸易政策会阻碍一国对外贸易的增长

具有稳定性的贸易政策能使人们形成对未来交易的稳定预期，从而达到减少交易不确定性的目的。在对我国关税政策、出口退税政策等的具体考察中，我们发现，相关政策制度稳定性的重要性明显高于其制度有效性。研究结果表明，经济及贸易增长更多地取决于微观主体对政策调整的反应。贸易制度效率虽然对非均衡状态的反应更为敏感，调整速度也更快一些，但这种效应呈现出较明显的效益递减趋向。相比较而言，贸易制度的稳定性对经济增长的影响呈现出逐渐加大的趋势。因此，从经济及贸易增长的可持续性发展看来，保持贸易制度的稳定性更为重要。

（四）以改善贸易政策制度质量为基础，保障我国对外贸易的持续发展

具有良好质量的贸易制度是保持一国经济及贸易长期持续发展的运行基础。与难以改变的地缘联系和文化纽带联系相比，贸易相关制度更容易改进。以贸易政策的质量改进为突破口，对于现阶段深化贸易体制改革具有重要的现实意义和应用价值。

第二章　制度质量与贸易发展

第一节　制度质量与经济增长

对制度质量的关注源于人们对经济增长根源的探讨。如前所述，劳动力、资本、知识（技术）、区位都是普遍认可的能够促进经济增长的因素。然而，主流的经济增长理论对于现实中国家之间的经济增长差异并不能作出一致的、完美的解释。更关键的是，它们对于经济增长的长期波动特性无法作出合理解释。例如，为什么大致相同的资源配置条件下，有的国家经济增长十分迅速，而有的国家却增长十分缓慢？特别地，为什么同一个国家在一个时期经济迅速增长，而在另一个时期却停滞不前？显然，主流经济学确实存在力不能及的理论盲区。

针对主流经济学的缺憾，新制度经济学认为，以上所谓的经济增长因素其实是经济增长自身，经济增长的原因只能从引起这些现象的制度因素中去寻找原因。例如，是制度因素决定知识（技术）创新，而不是知识（技术）创新决定制度因素。一个好的制度因素能促进甚至引导知识（技术）创新，而不好的制度因素则会使知识（技术）创新偏离经济发展的轨道或遏制知识（技术）创新。所以，制度质量应被视为决定经济增长的更深层次的原因[①]。

---

① Rodrik, R. , Institutions, Integration and Geography: In Search of the Deep Determinants of Economic Growth, in Rodrik, D. (eds.), *In Search of Prosperity: Analytic Country Studies on Growth*, Princeton: Princeton University Press, 2003.

一、经济增长的制度黑箱

把制度因素作为经济分析的一部分有着悠久的历史，现代经济学之父亚当·斯密正是从生产制度变迁的角度来分析经济增长的源泉的。在他看来，每个人都有自由平等且受制度保护的排他性产权，这是“天赋人权”。私有产权不仅是对个体积极性的根本激励，而且是形成和维持社会秩序的根本动力。实际上，斯密所说的劳动分工，无论是企业内部的分工还是社会分工，都代表着一种新的生产性制度安排。此外，马克思的制度经济学思想也受到高度重视。在马克思看来，任何经济制度都是历史的、发展的，都有其特殊的运动规律，而导致制度变迁的根本动力是生产力的变化。诺斯（1981）就指出，“马克思的分析框架是最有说服力的”，马克思的努力堪称是“一个根本性的贡献”①。

虽然开了个好头，但主流经济学后来的发展方向却多少有点令人意外。它越来越从脱离实际的假设条件出发，以数学分析工具着力分析其心中的而不是现实中的经济状况。在其分析体系中，事实/理论的比率是极低的，企业和市场都是有名无实的，理性的个人也不过是比动物“多几个齿轮”“多几条弹簧”②。除此之外，信息费用、不确定性、交易费用也都不存在。至于制度因素，“现有的大量增长模型将其视为‘自然状态’的一部分，因而被剔除掉了。在它们看来，这些制度不会发生变迁，它们或是外生的，或是一个适于增长动态的变量”③。

为了说明以上问题，可以结合帕金斯和罗斯基（2008）对中国经济增长的实证分析的结果进行说明（见表2－1）④。我们不难发现，经济增长的源泉被人为地限定为三类：劳动力、资本、知识（技术）。在这里，我们看不到任何与制度有关的经济增长因素，很显然，在主流经济学的分析框架内，制度成了经济增长理论的“黑箱”。

---

① North, D. C., *Structure and Change in Economic History*, New York: W. W. Norton & Company, 1981.

② Coase, R. H., The Institutional Structure of Production, *American Economic Review*, 1992, Vol. 82, No. 4, pp. 713－719.

③ Schultz, T. W., Institutions and the Rising Economic Value of Man, *American Journal of Agricultural Economics*, 1968, Vo. 59, No. 5, pp. 1113－1122.

④ Perkins, D. and T. Rawski, Forecasting China's Economic Growth to 2025, in Brandt L. and T. Rawski (eds.), *China's Great Economic Transformation*, Cambridge: Cambridge University Press, 2008.

表 2 -1　　　　中国 GDP 增长及其构成

时间（年）	年均增长率（%）					GDP 增长贡献率（%）		
	GDP	固定资本	劳动力	人力资本	全要素生产率	固定资本	人力资本	全要素生产率
1952—2005	7.0	7.7	1.9	2.6	2.1	47.7	21.4	30.9
1952—1978	4.4	5.8	1.9	2.5	0.5	56.3	32.7	11.0
1952—1957	6.5	1.9	1.2	1.7	4.7	12.7	14.9	72.4
1957—1978	3.9	6.7	2.0	2.7	-0.5	73.7	39.7	-13.4
1957—1965	2.4	5.2	1.5	2.1	-1.0	93.1	49.5	-42.6
1965—1978	4.9	7.7	2.4	3.1	-0.2	67.7	36.7	-4.4
1978—2005	9.5	9.6	1.9	2.7	3.8	43.7	16.2	40.1
1978—1985	9.7	9.2	3.4	4.5	3.2	40.6	26.6	32.8
1985—1990	7.7	6.9	2.5	2.9	3.1	38.8	21.5	39.7
1990—1995	11.7	9.1	1.4	1.9	6.7	33.3	9.5	57.3
1995—2000	8.6	10.5	0.9	1.6	3.2	52.7	10.5	36.8
2000—2005	9.5	12.6	1.0	1.8	3.1	57.1	10.6	32.3

二、制度质量与经济增长 I：制度与劳动分工

制度经济学重视劳动分工对经济增长的重要作用，不是简单意义上的对古典经济学的回归，而是在深刻意识到“主流经济学自身的解释力和预测力的贫乏”之后进行的必要修正。长期以来，困扰研究经济增长的经济学家们的一个问题是，为什么产出增长率会长期高于投入资源（主要指的是资本和劳动的投入）的增长率？舒尔茨（1981）对此的解释是，我们没有把全部的“资源质量提高的因素考虑在内”，这是因为，“离开大量的人力投资，要取得现代农业的成果和达到现代工业的富足程度是完全不可能的”①。由此，舒尔茨得出了一个“合乎逻辑”的结论，即人力资本是经济增长的“发动机”。

① Schultz, T. W., *Invetsting in People: The Economics of Population Quality*, Berkeley: University of California Press, 1981.

这样的结论看起来似乎无懈可击，也揭示了经济增长的某种特性。但深究起来，这里面实际存在着很多问题。例如，人力资本的改善可以促进经济增长，但从更高的高度来看，其自身仍是一个增长。换而言之，脱离具体的生产关系来谈生产力的变化不仅是不够的，甚至还有“南辕北辙”的危险。虽然舒尔茨试图将制度作为经济领域里的一个变量，但其主流经济学的固有思维使其没有办法揭示人力资本改善的真实原因，从而也没有揭示经济增长更深层次的驱动力量。制度是否能促进经济的增长？主流经济学的一个传统是重视知识（技术）在经济增长中的重要作用，然而在实践中，推动经济增长的源动力似乎更多地来自制度创新，而不是技术变迁[①]。制度本身还能作为一个独立于技术变迁之外的因素来显著地提高经济增长。诺斯（1968）分析了1600—1850年世界海洋运输生产率提高的主要原因[②]。在此期间，世界海洋运输业没有发生什么重大的技术进步，因而世界海洋运输生产率提高不能归因于技术变迁。通过采用“间接计量”分析研究法，诺斯认为市场扩大、市场规则趋于完善、交易活动的安全性提高等制度因素是促使世界海洋运输发展的主要原因。

这里的问题是，制度如何才能促进经济增长？一个比较现实的途径就是劳动分工。古典经济学家高度重视劳动分工的作用，例如，斯密（1776）就认为“分工是国民财富增进的源泉”，分工基础上的相互交易会产生“普遍富裕”。至于分工的起因，他认为要受到“交换能力大小的限制”，亦即“市场广狭的限制”[③]。不幸的是，后面这一论断实际上是与斯密“看不见的手”相互矛盾的，即存在“斯密悖论”[④]。这一悖论的存在，给其后的新古典经济学出了一个极大的理论难题。马歇尔及其后的主流经济学家不得不求助于“代表性企业”“规模经济”“垄断竞争”等概念，来构建一般均衡的新古典分析框架，这实际上已经与古典经济学产生了较大的分离。对此，杨格（1928）认为，“报酬递增的原因不是规模经济，而是产业的不断分工和专业化的结果”，“分工一般地取决于专业化分工”[⑤]。换言之，市场规模引致分工的深化又引致市场规模的扩大，且是

① Chandler, A. D. Jr., *Strategy and Structure: Chapters in the History of American Industrial Enterprise*, Cambridge: MIT Press, 1969.

② North, D. C., Sources of Productivity Change in Ocean Shipping, 1600—1850, *Journal of Political Economy*, 1968, Vol. 76, No. 5, pp. 953 - 970.

③ Smith, A., *An Inquiry into the Nature and Causes of the Wealth of Nations*, Oxford: Oxford University Press, 1776.

④ Stigler, G. J., The Division of Labor Is Limited by the Extent of the Market, *Journal of Political Economy*, 1951, Vol. 59, No. 3, pp. 185 - 193.

⑤ Young, A., Increasing Returns and Economic Progress, *The Economic Journal*, 1928, Vol. 38, No. 152, pp. 527 - 542.

一个循环累积、互为因果的演进过程。在此基础上，杨小凯（1998）用超边际分析方法从数理上细化了斯密和杨格的思想，指出“市场上自利行为交互作用形成的最重要的两难冲突是分工经济与交易费用的两难冲突”①。两者之间的良性循环一旦形成，就会“使分工演进越来越快，产生所谓经济起飞现象。当分工演进的潜力因人口规模或与制度有关的交易条件的限制而耗尽时，分工演进减缓或停止，学习过程不再因分工演进而加速，所以社会进入减速经济增长阶段，人均实际增长率下降”。而交易费用，“有可能通过制度的创新和改进、习惯的形成而加以减少，是人类大有作为的一个领域”②。

这里，我们进一步认识制度质量如何通过劳动分工促进经济增长的具体机制。与新经济增长理论不同，制度经济学中的劳动分工是与生产成本和交易成本紧密结合在一起的。具体而言，在劳动分工的初始阶段，劳动分工的深化可以提高劳动生产率，进而降低单位产品的生产成本，个人可以得到在自然经济状态下超乎寻常的财富增长。然而，随着劳动分工的进一步深化及其广化，情况却发生了变化。由于不完全理性及信息不对称等因素的存在，生产的指挥、协调、监督等的重要性上升，类似“X 无效率”的现象也会产生，于是交易费用（成本）开始变得越来越大。在这里，交易费用（成本）与生产成本的对立凸显了制度安排的重要性：当交易成本的边际上升低于生产成本的边际下降，理性的企业（个人）最大化收益的选择是专业化分工；而当交易成本的边际上升高于生产成本的边际下降，理性的企业（个人）最大化收益的选择是一体化生产（见图 2－1）。

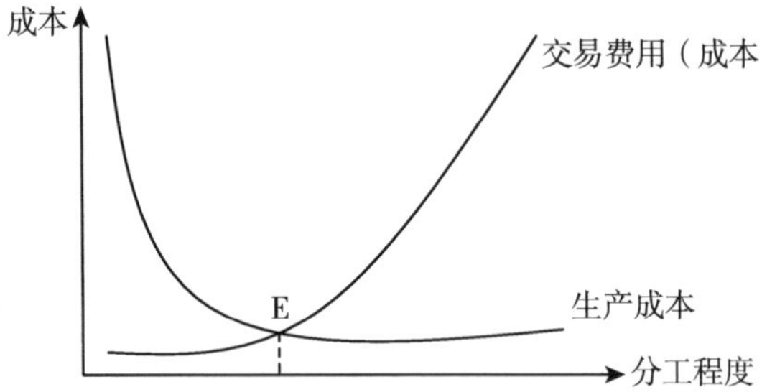

图 2－1　制度质量与劳动分工

① 杨小凯. 经济学原理［M］. 北京：中国社会科学出版社，1998：10.
② 杨小凯，张永生. 新兴古典经济学和超边际分析［M］. 北京：中国人民大学出版社，2000：98，183.

三、制度质量与经济增长Ⅱ：制度与产权保护

之所以说产权保护是制度经济学中一个非常重要的范畴，是因为它与制度变迁是紧密联系在一起的。对此，诺斯就曾指出过，制度变迁理论的三大基石为“激励个人和集团的产权理论、界定实施产权的国家理论、意识形态理论”。不难发现，三大基石中有两大基石是与产权保护直接相关的，因此，产权保护的重要性不言而喻，它可能是决定国强民富的关键①。

制度经济学家对产权保护的高度重视是有道理的，这是因为，在现实的世界中，“权力的界定乃是市场交易的前提”②。换言之，任何交易都是具体产权安排下的交易，离开了产权的界定，交易就不可能进行，更不可能延续。从新经济分析史学的视角来看，产权界定清晰是一个经济社会走向富强的必经之路。例如，在解释为什么现代意义上的经济增长首先发生在荷兰和英国时，诺斯说到，“在这两个国家，持久的经济增长都起因于一种适宜所有权演进的环境，这种环境促进了从继承权完全无限制的土地所有权、自由劳动力、保护私有产权、专利法和其他对知识财产所有权制度的鼓励机制，直到一套旨在减少产品和资本市场缺陷的制度安排”③。对此，著名的“科斯定理”更是清楚地指出，在完全竞争和交易费用（成本）为0的情况下，产权的界定和权力的初始分配是无关紧要的。然而，实际的交易费用（成本）不可能为0，市场竞争也常常是不完全的，所以在实践中，产权的界定和权力的初始分配常常是影响经济绩效的重要原因。

可以用更加直观的图形分析法对此进行论证。图2－2中，横轴为产出水平，纵轴为价格，MR为制度的边际收益曲线，MC为制度的边际成本曲线。从理论上说，制度的边际收益可以是递减的，也可以是递增的，甚至是不变的。但是，从长期来看，制度的边际收益想要一直保持递增或者不变是十分困难的一件事，所以，以下以制度边际收益递减为例进行分析。当产权保护水平加大时，它能有效地降低交易费用（成本）、消除外部性的不利影响，还可以提供生产性活动

① Acemoglu, D., Johnson, S. and J. Robinson, Reversal of Fortune: Geography and Institutions in the Making of the Modern World Income Distribution, *Quarterly Journal of Economics*, 2002, Vol. 117, No. 4, pp. 1231－1294.

② Coase, R. H., The Federal Communications Commission, *Journal of Law and Economics*, 1959, Vol. 2, pp. 1－40.

③ North, D. C. and R. P. Thomas, *The Rise of the Western World: A New Economic History*, Cambridge: Cambridge University Press, 1973.

的有效激励。伴随着产权保护水平的提高，边际成本开始下降，从 MC 下降为 MC′；伴随着产权保护水平的提高，市场秩序极大地改善了，资源使用的效率随之提升，“搭便车”“公用地的悲剧”之类的事件也得以避免，于是边际收益开始上升，从 MR 上升为 MR′。在新的均衡水平下，产权保护提高所带来的产权增长为 QQ′，这也正是产权保护提高所能带来的潜在收益。

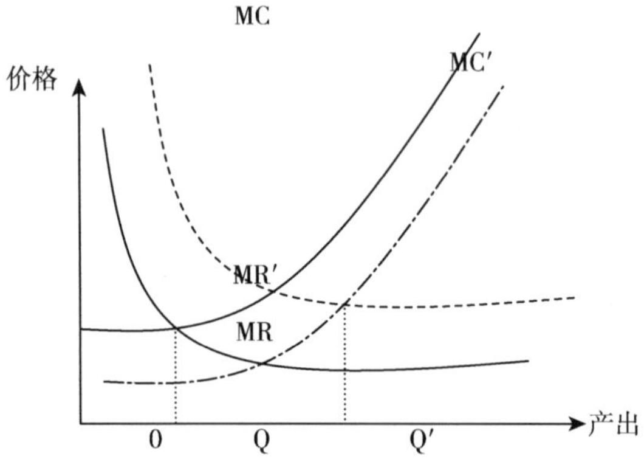

图 2－2　制度质量与产权保护

必须指出，现实中产权制度的演进并不总是沿着节约交易费用（成本）、便利经济活动从而使社会财富最大化的方向进行。实际生活的制度变迁乃是一个复杂的制度博弈过程，产权制度效率的改善只是其中一个影响因素而已。除了它之外，“政治权力的资源、既得利益集团组织和动员政府的院外活动努力以及政治家的反应等因素都可能影响新的产权制度安排”①。

对此，同样可以结合图 2－2 进行说明。利益集团的存在，可以对产权制度效率的改善起遏制作用，其特殊利益的实现往往是依靠损害大部分人的利益甚至是以经济增长的下降为代价来实现的。此外，政府很难长期保持经济活动的“裁判员”的角色，为了其自身的利益，它也会做出损害社会成员产权利益的事情。

在此情况下，生产活动的边际成本开始上升，从 MC′退回到 MC；边际收益开始下降，从 MR′下降为 MR，于是产权制度效率的产出效应就被抹杀了。特别地，当政府和利益集团所造成的交易费用（成本）的提高远高于产权保护所能带来的交易费用（成本）的下降时，实际的产出水平不但不能上升，

① North, D. C., *Structure and Change in Economic History*, New York: W. W. Norton & Company, 1981.

反而会下降。

四、制度质量与经济增长Ⅲ：制度与权利分配

权力现象是人类社会中最普遍的现象之一，权力是构成个人、组织或国家的最基本要素。无论是从国内还是从国际来看，每一次重大的制度变迁过程都是与权力的重新划分与分配紧密联系的。例如，无论是中国历代封建王朝的更替，从唐朝到宋朝，再到元朝、明朝、清朝，还是国际货币体系的“金本位制”—“布雷顿森林体系”—“牙买加体系”的演变，都是权力更迭与分割的生动体现。一般而言，合法的权力是通过正式制度来取得其合法性地位的，法律、法规本身就包含有详尽的责任、权利与义务等方面的内容。权力一旦确定，就有其稳定性，并会产生较严重的路径依赖现象。任何团体、组织或国家要想实现其管理的科学化和民主化，就必须具有完善的制度，通过制度对权力进行合理而有效的分配，在不同权力关系中形成相互制衡关系。权力失衡一旦发生，就会使权力失去制约，导致权力的异化，从而深刻影响个人、组织、国家甚至世界的发展。

以诺斯等学者为代表的新制度经济学家虽然极力想从最根本的角度探讨制度的动态性与历史性，但总体来看，其探讨的“制度”或“制度安排”脱离了与具体的生产关系的联系。在他们看来，无论是国家还是个人，其参与制度的产生、变迁、均衡及衰退的目的都是实现其自身利益的最大化。这样的观点虽然并不算错，但显然缺乏足够的宏观视野。实际上，他们已经在自觉不自觉之间，把制度演化为人们某种理念的绝对抽象化，而不是由生产力及相应的生产关系所决定的产物。这样的思维逻辑和研究处理方法只会最终造成其理论框架的前后不一致或自相矛盾，而不利于其揭示制度这个“黑箱”的真正内涵。

奥尔森（1982）意识到以往研究的缺憾，开始高度重视利益集团的能动作用。虽然没有触及制度变迁更深层次的阶级冲突及利益问题，奥尔森仍成功地揭示了制度变迁与权利分配之间的动态联系（至少是一部分）。事实上，对于利益集团和制度变迁的关系的研究由来已久。早期的研究大多认为利益集团是弱小的、有益的，甚至是人民基本权利的代表。“经济压力集团实际上已经称为美

国人民的职业性议会，比按地域选举出的议会更有真实的代表性。”① 以此为起点，他们认为通过利益集团的“呼声”对政府施压，有利于克服市场机制自身存在的缺陷。因此，利益集团实际上是实现公平合理的经济增长不可或缺的工具。应当承认，早期关于利益集团的研究存在一定的客观合理性。这是因为，作为一个具有集体行动力量的团体，利益集团可以有效地将分散的个人力量聚集起来。这样，一方面可以更有效地实现个体目标，消除“政府失灵”所带来的不利影响，另一方面可以迅速而有效地降低交易成本。然而，第二次世界大战以来，政府的规模越来越大，日益成为影响甚至主宰政治经济生活的主导力量。与之相应，利益集团的规模与实力也空前强大起来。早期关于利益集团的研究结论失去了理论基础，利益集团事实上已悄然由“压力集团”转变为“分利集团”。此时利益集团不再是可有可无、无关轻重的了，它已经成了“改变社会演化方向”的独立政治力量。它可以使“全社会采用新技术延缓”，“在生产情况变化时阻碍重新分配资源”，还可以“降低社会效率和总收入，并使政治生活的分歧加剧”，最终“降低经济增长率”②。

与产权保护一样，这里仍然可以采取图形分析法进行论证。图 2 - 3 中，横轴为劳动分工的程度，纵轴为制度的效率。KK′为在既定生产力及生产关系条件下理论上所能达到的最高的制度效率，即最优制度效率曲线。由于个人、组织、国家其自身高度特殊化的限制，最优的制度效率往往无法实现，NN′就是技术上可以达到的次优制度效率曲线。由于国家的“非中性”及利益集团的影响，实际上就连次优的制度效率都无法实现，LL′为现实的制度效率曲线。在时间 T 到时间 T′的这段时间内，只要 LPQN 存在且大于 0，制度变迁就是有利可图的，而且 NN′与 LL′之间的区域越大，制度变迁所能带来的收益就越大，经济增长也更加有保障。

从最根本的角度来看，制度与权力之间的关系乃是权力决定制度、制度反映权力分配，制度或制度安排只不过是为了适应权力分配而人为设计的竞争性合作的博弈规则。虽然从长远来看，提高社会总产出水平对于政府和利益集团而言都是有利的，它们都可以从社会财富的绝对增长中分得“红利”，但现实中他们并不一定会为此进行相应的努力。这是因为这种潜在收益的获取存在时滞

① Commons, J. and K. Parsons, *The Economics of Collective Action*, 1950, Madison: University of Wisconsin Press.

② Olson, M. L., *The Rise and Decline of Nations: Economic Growth, Stagflation and Social Rigidities*, 1982, Yale: Yale University Press.

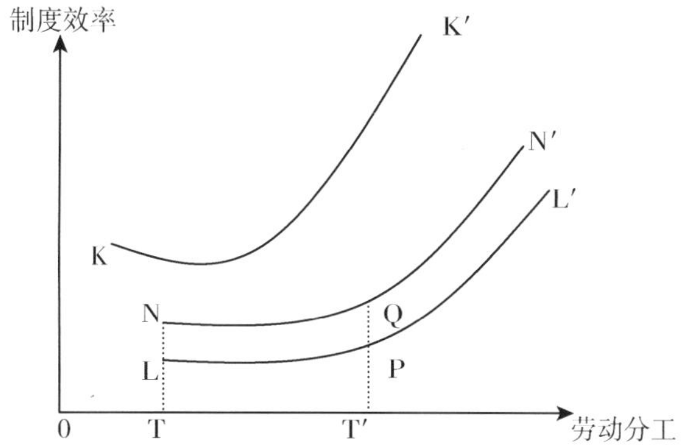

图 2－3　制度质量与权力分配

性：一方面，政府为了改善制度效率，必须在短期内为制度的更替预支大量的费用（如界定和保护产权的费用、建立与新制度安排相适应的税收体系、社会保障体系所需的费用等），这会减少统治者的租金。如果这种支付超过了国家财政可承受的范围，则改革方案就很难出台。另一方面，利益集团作为既得利益的所有者、受益者，更乐于通过寻租活动来维持现状或获取特权，因为这对于它而言是更加现实也是收益更大的行为选择。

同样，可以结合图 2－3 对此进行分析。对于政府而言，即便在 LPQN 存在且大于 0 的情况下，它也不一定就会推动建立更“好”的制度。这是因为，政府此时不但要考虑制度变迁的潜在收益，更要考虑制度变迁的实施成本。在制度变迁的实施成本足够大的情况下，制度变迁的收益与成本之差将小于 0，更有效率的制度将不会被建立起来，无效率的制度仍将维系，这也正是“诺斯悖论”现象产生的主要原因。对于利益集团而言，由于其寻租活动扭曲了市场的资源配置功能，NN′将会向下移动，于是 LPQN 所代表的制度变迁的潜在收益会逐渐降低。利益集团寻租活动的范围越广、持续时间越长，制度变迁的潜在收益会越低，最终即便制度变迁的实施成本不变，制度变迁的收益与成本之差也会小于 0，增进社会福利的更“好”的制度依然不会被建立起来。

第二节　制度质量与贸易增长

从贸易实践来看，高质量的制度确能给贸易增长和发展带来更多的效益。

首先，贸易活动的交换体系较为复杂，这个体系是由许多交易主体组成的，这些主体既可能相互竞争又会相互合作，因此需要有相适宜的制度明确并保护双方的利益；其次，影响贸易的增长和发展的因素有许多，如社会分工和专业化发展、国家贸易能力的提高、国内外市场风险和经济市场不稳定都会影响和制约贸易增长，除此之外，一些贸易政策，例如贸易企业制度、市场交易规则以及国家监管制度的状况都会在一定程度上影响贸易的投入产出比例，关税政策、技术贸易措施、反倾销反补贴措施、原产地规则、绿色贸易规则、国际劳工标准等国际贸易规则会形成贸易壁垒影响国际贸易增长。另外，国际贸易发展的实践结果表明，高质量的贸易制度是贸易增长和发展的主要动力。原关税与贸易总协定和现在的世贸组织的建立，形成了各国共同认可和遵循的国际贸易多边规则，确立了必要的实施机制，推动了贸易自由化进程，促进了国家贸易的发展。

一、制度影响国际贸易的直接机制

制度本身是一个比较宽泛的概念，迄今为止还没有形成一个统一的定义。虽然诺斯所提出的制度的定义被人们所广泛地接受，但是学者们在具体的研究中，往往会根据自己的研究侧重点，对制度给出自己的定义，将制度界定为某一特殊的类型，如 Levchenko A. （2007）将制度主要定义为产权制度、契约强制执行等，Acemoglu 和 Johnson（2005）也曾用契约制度作为制度的主要代表。还有一些学者将劳工法则和商业准入条例作为主要的制度，来探讨制度对贸易的影响。

和国内贸易相比，经济环境中的不确定性和市场中的机会主义的存在使得国际贸易的成本更高，组成结构也更为复杂。制度本身的作用之一就是降低交易成本，为交易主体提供稳定的经济行为预期。国际贸易的生产和发展既依赖于贸易潜在利益的存在，又依赖于贸易利益的经济实现，即依赖于比较优势产品的存在和合约实施的保障。与此相对应的两个关键性的制度安排便是一直为学者们所关注的产权制度和合约实施保障制度。这里也主要从这两个制度安排来分析制度影响国际贸易的直接机制，并在此基础上分析具体的制度安排对国际贸易的影响。

（一）有效的产权制度有助于比较优势的形成

分工和专业化产生的效率是贸易产生的必要条件而非充分条件，因为贸易的产生还需要贸易双方对彼此所交换商品的产权予以承认。正是存在对产权的承认，交换所带来的利益才能使贸易能够得以产生，并不断发展和维持下去。

国际贸易中交易双方进行交易的动机是获取潜在的交换利益，只有交易的双方都认为可以从交易中得益，交易才会产生。根据比较优势理论，拥有各自的比较优势是交易双方进行交易并且从中得益的基础。交易市场的存在和良好运行需要有效的产权制度和良好的合约实施制度提供保障。

产权制度是社会的基础制度，是其他经济制度的基础和核心。只有对私人产权提供有效的保护，免除被无偿征用或没收的风险，经济主体才会进行人力资本和物质资本方面的投资，不断地从事学习和创新活动，不断地采用更有效率、更为先进的技术，进行生产性的营利活动。随着专业化分工的不断深化和劳动生产率的不断提高，商品的种类会不断增加，商品的质量也会不断得到提升，最终逐渐形成产权保护下的贸易比较优势。反之，如果一国不能对其经济主体的私人产权提供有效的保护，经济主体就会缺乏投资的动力，缺乏学习和创新的动力，进而非生产性的营利活动会逐渐代替生产性的营利活动而在该国的发展中占据主导地位，阻碍其国际贸易的发展和经济增长。

（二）合约实施制度为贸易利益的实现提供保障

和国内贸易相比，国际贸易不仅面临着巨额的运输成本，还面临着远距离的常常与国家主权纠葛在一起的合约实施问题，这使得国际贸易面临着更大的机会主义的风险；而合约实施制度通过为交易主体提供相对稳定的交易预期，可以减少国际贸易中的不确定性和机会主义，降低国际贸易中的交易成本，促进国际贸易的发展。

因此，可以说不管是正式合约实施制度还是非正式合约实施制度的完善，对国际贸易的产生、发展和贸易利益的实现都起了十分重要的作用。其中，对贸易的发展和贸易利益的实现起关键作用的是以信誉机制和信任机制为代表的非正式合约实施制度，而以法律制度为代表的正式合约制度对非正式合约实施仅起着对非正式合约实施制度的补充作用。一般而言，只有在信誉机制和信任机制受到破坏或无法发挥应有作用的情况下，正式制度才会发挥作用。

一国合约制度的实施情况是国际贸易能否发生的决定因素之一。与国内贸易不同，国际贸易中买卖双方的地理距离较远，成交的数量、数额较高，通常情况下交货的时间也较长。因此，只有交易双方在对合约的实施具有良好预期、认为合约能够较好地保障他们利益的情况下，双方才会签订合约，交易才可能进行，贸易利益也才能够实现。交易双方都有充分的信心预期交易对方能够履行承诺是国际贸易出现的一个必要条件。而交易双方对未来交易预期的信心主要来源于双方之间的良好的信誉、相互的信任以及相应的法律、法规。

（三）具体的制度安排对国际贸易的影响

由于国际贸易是跨越国境的交易，因此在贸易中往往会涉及不同国家、不同区域之间的法律、法规的适用和协调问题，进而会增加国际贸易中的交易成本。所以，具体的制度安排会对国际贸易产生一定的影响。第一，对国际贸易影响最大的世界性的具体的制度安排应该是GATT特别是WTO的成立。WTO的成立为国际贸易提供了世界性的发展平台，极大地推动了国际贸易的发展。首先，WTO的成立为各个成员国之间通过谈判降低关税和非关税壁垒提供了一个共享式平台，这一平台对减少交易费用、增加国家之间的国际贸易量起了极大的推动作用。其次，WTO的成立还为解决国与国之间的贸易纠纷搭建了一个平台，使国家之间的贸易纠纷能够通过该平台更多地以和平的方式解决，减少了国际贸易摩擦，增进了各国之间的友谊和合作。最后，WTO通过制定一系列的规范，使国际贸易可以高效有序地进行。第二，IMF和世界银行等组织的出现和发展在推动国际贸易发展方面也起了十分重要的作用。就IMF而言，稳定国际汇兑，消除妨碍全球贸易的外汇管制，为在贸易支付方面发生危机的国家给予支持，促进在货币问题上的国际合作是其根本宗旨。而世界银行也可以通过它在欠发达国家的基础设施和项目的建设为国际贸易提供坚实的物质基础。国际货币体系的建立提供了统一的计量标准，为国际贸易的结算提供了便利，进而大大节省了交易费用，促进了国际贸易的发展。第三，经济一体化组织的建立对国际贸易的发展有着双重性影响：对于组织内部的成员国内部而言，经济一体化组织的建立和发展扩展了国际贸易，然而另一方面，也有可能会减少成员国和非成员国之间的贸易往来。

二、制度影响国际贸易的间接机制

（一）制度通过人力资本影响贸易发展

人力资本是指一个国家或地区中每个人具有的知识、能力、健康等个体人力资本构成因素的整合，并能够物化于商品和服务，提高商品和服务产出效应的价值。而对于每个个体而言，人力资本是由通过投资凝结在人身体内的知识、能力、健康等构成，能够物化于商品和服务，增加商品和服务的效应，并以此获得收益的价值[①]。然而，和物质资本不同，人力资本是凝结在劳动者身体内的知识、能力和健康，因此人力资本有着和物质资本完全不同的特性，即人力资本的拥有者和人力资本的投资者（如父母、企业、国家）是可以相互分离的。在国际贸易中，人力资本的代表是优秀的企业家和贸易商，而这些优秀企业家和贸易商存量的多少是由人力资本投资的多少所决定的，而决定人力资本投资量和投资积极性的关键因素是一国相关的制度安排，只有一国的制度安排有利于调动投资者的积极性，才会造就优秀商人与企业家阶层的涌现。

通过研究世界贸易史可以发现，历史上从事远距离贸易的贸易商和企业家主要产生于欧洲国家。原因何在？这需要从两者制度安排上来探寻原因。历史上，欧洲企业家把国内市场扩大到几乎整个世界，虽然其扩张含有掠夺和殖民的因素，但这种以财富最大化为目的的海外贸易成功可以归结于欧洲早年的为私有产权提高有效保护的制度安排。对私有产权的有效保护，激励了企业家们的创新，促进了贸易商的交易活动和其财富的积累。而有着较高文明程度的印度和中国却恰恰相反，如印度的非制度因素和“印度病”都延缓了人力资本的积累。在印度，成功的企业家并不是进行技术和组织创新的企业家，而是获得大量许可证的企业家。因此，印度的企业家们的精力都主要集中在对政府的许可证的竞争上。反观中国，重农轻商的思想绵延悠久，从商鞅变法时的奖励耕种到汉文帝时的对商业的沉重赋税，从盐铁等暴利行业的官营到明清时期的海禁，这种蔑视经商的制度和非制度因素的蔓延都制约了中国的贸易商和企业家的崛起。因此，可以说一国的制度安排是决定其人力资本存量的关键变量，如果一个国家的制度安排或制度环境缺乏对人力资本投资的激励机制，那么该国就会缺乏大量的优秀企业家和贸易商，人力资本的匮乏会直接制约其贸易的发展。对于许多发展中国家而言，其贸易发展和经济增长之所以没有取得成功，更多地是因为缺乏能够激励人力资本积累的制度安排或制度环境，而不是缺乏人力资本本身。

（二）制度通过交易费用影响贸易发展

制度的基本功能是形成人与人之间交往的基本框架，降低人们行为的不确定性，形成人们对自己行为和他人行为的稳定预期。有效的制度安排能够减少

① 王金营．制度变迁对人力资本和物质资本在经济增长中作用的影响［J］．中国人口科学，2004（4）．

人们相互交往中的不确定性，抑制人的机会主义行为，提供有效的信息，降低经济活动中的交易费用，降低人们行为选择的风险和成本（见图 2－4）。制度的差异会影响交易成本的高低，进而影响到贸易量的大小。

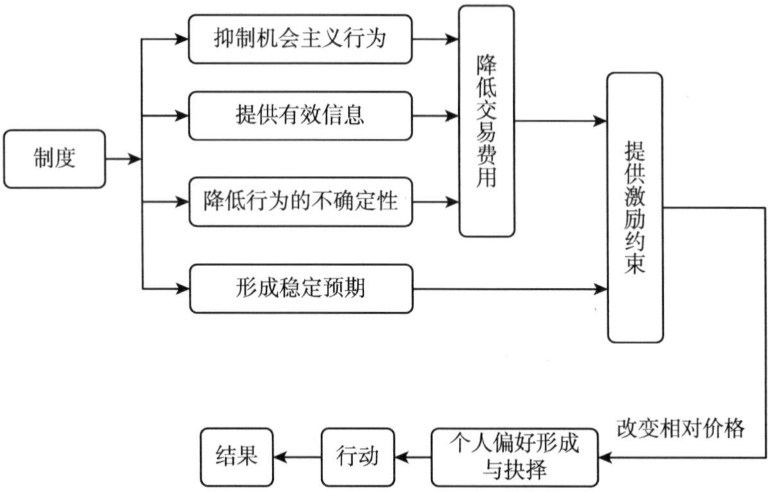

图 2－4　制度功能图

传统的国际贸易理论通常都假定国家贸易中的运输成本和交易费用为零。第二次世界大战以后，随着国际贸易新现象和新问题的不断涌现，经济学家们逐渐开始考虑跨国交易中的运输成本问题，但和传统的贸易理论一样，仍然假定国际贸易的交易费用为零。

和国内贸易相比，国际贸易交易费用包含的内容更为广泛，不仅包括因地理位置分隔所引起的交通、通信等传统意义上的交易成本，还包括因文化、历史、政治、经济及法律制度的差异所引起的交易成本，以及因各国国际贸易政策的不同所导致的交易成本①，因此国际贸易中的交易费用更为复杂，成本也更高。一国的制度安排取决于社会集体的选择，良好的制度环境能够减少资源配置的扭曲，提高资源配置的效率，减少寻租、黑市交易、腐败之类的非生产性的消耗，促进一国的生产性活动，减少与其他国家进行贸易的交易成本。反之，在一个制度不健全的国家，人们对自己和他人的经济活动缺少稳定的预期，缺少参与交易行为的动力，不良的制度增加了国与国之间交易的难度，导致国际交易缺少必要的安全性和确定性。正如诺斯所言，当一个社会存在不确定性时，

① 熊贤良．国际贸易的交易成本［J］．南开经济研究，1993（3）．

市场的有效性决定了市场中交易效率的高低，而决定市场有效性的是市场所处的制度环境。因此，制度环境的改善可以为贸易的迅速发展提供保障①。

（三）制度通过技术创新影响贸易发展

在国际经济学中，通常假定发达国家的“技术外溢”是发展中国家的技术来源，发展中国家通过对引进的技术进行“消化”和“吸收”来缩小与技术先进国家的差距，这一理论可以解释部分发达国家与发展中国家的技术差距问题，却无法对日本这样在技术上后来居上的国家作出一个合理的解释。

以诺斯为代表的新制度经济学家认为技术创新最终归结为产权制度对技术创新激励的结果，进而将技术创新和制度创新联系起来。他们的研究指出，经济增长的根本原因不是技术，而是制度，技术理论只能部分地解释西方的经济增长。只有制度环境能够为技术创新和知识的增长提供充分的回报机制，技术进步和经济增长才会得以实现。技术进步只不过是对制度环境所提供的对技术创新回报机制的一种积极回应。

制度之所以对技术创新至关重要，是因为人们在从事经济活动时，必须遵守和适应被界定的私有产权、经济当事人之间的契约以及成文的法律法规等制度或制度安排。这些制度安排约束和限制了经济主体的经济行为，进而影响了经济主体的技术创新活动。

制度主要从以下几个方面对技术创新产生影响：

第一，制度能够为技术创新提供激励。技术创新者对技术进行创新的动力取决于其从创新中得到的产权收益的大小，如果技术创新者从技术创新和技术进步中获得的产权收益越大，即一国的制度安排对技术创新的激励程度越高，那么经济主体的技术创新动力就会越强，技术创新活动也就会越活跃；反之，如果经济主体无法从技术创新者获得技术创新的产权收益，或者获得的产权收益较小，那么经济主体的创新动力就会不足，技术创新就会处于低潮，技术进步的速度就会放慢甚至停滞。

第二，制度能够为技术创新提供保护。如果一个社会能够有效地保护经济主体的技术创新成果，使技术创新者能够很好地享有其技术创新的经济和政治收益，那么该社会的技术创新活动就会非常活跃；反之，技术创新活动就会放缓。中国和美国在技术创新活动上的差异便是很好的例证。

---

① North, C. D. , *Structure and Change in Economic History*, New York: Cambridge Press, 1981, P. 89.

第三，制度可以降低技术创新中的不确定性。技术上的不确定性和市场上的不确定性是技术在创新过程所面临的不可避免的风险。而制度的基本功能之一便是使各种经济行为具有可预期性，因此，制度可以在一定程度上降低技术创新过程中的不确定性。在《西方世界的兴起》一书中，诺斯和托马斯指出，18 世纪以后，和东方国家相比，西欧各国之所以能在经济、人均收入方面后来者居上，是因为经过了 1000 多年的长期演变，这些国家产生了更有效率的经济组织和保障个人财产安全的法律体系。

第四，制度可以为技术创新提供良好的发展环境。技术创新取决于人力资本，而人力资本潜力的发挥取决于其所处的文化传统和经济组织结构。128 公路和硅谷作为美国两大高新技术产业基地，其活动市场相同，研发的技术相似，但却得到完全不同的发展结果。前者愈加衰败，后者却愈加繁荣。究其原因不是两者所拥有的物质资本数量和质量上的差异，而是所拥有的文化背景和制度环境不同。硅谷所特有的“竞”“合”组合以及其他要素同这种组合所构成的制度环境恰恰是 128 公路所缺乏的。

（四）制度通过规模经济影响贸易发展

规模经济的实现依赖于企业规模的扩大和分工及专业化的发展，而企业规模的扩大与其说依赖于技术进步程度和市场大小的限制，不如说依赖于企业本身所处的制度背景的限制。具体而言，企业制度安排主要通过企业对资源的利用程度影响企业规模的扩大。在可用资源总量有限的情况下，只有设计出合理激励机制的制度安排，高效地利用有限的可用资源，企业规模的扩大才有可能实现；如果制度安排不能保证其足够的激励强度，那么这类制度安排将会制约企业规模的扩大。

制度环境主要从以下几个方面影响规模经济的形成：

首先，一国的对外贸易政策会对本国的厂商规模产生影响。这一点可以在布兰特和克鲁格曼等人的模型中得到证明：在国际贸易中，一国可以通过进口保护政策和出口促进政策，促进本国企业的产品出口，扩大本国厂商的国内外市场份额，进而达到扩大本国厂商生产规模并最终实现规模经济的目的。

其次，一国采取什么样的政策来对待“马歇尔冲突”问题也会对本国的厂商规模产生影响。“马歇尔冲突”是关于规模经济和垄断弊病之间的冲突问题，一国如何采取有效竞争的方式来克服或协调市场竞争活力和规模经济之间的矛盾，体现在具体的政策上便是采取什么样的中小企业的政策和反垄断的法律制度。

最后，企业制度本身也会对厂商规模产生影响。企业制度对厂商规模的影响是间接的，是通过影响企业家实现的。根据科斯的观点，企业家的能力会直接影响企业规模的关键变量，只有当企业家的能力得到充分发挥时，企业规模的扩大和发展才会得以实现，而企业家能力的发挥需要良好的企业制度环境作为保障。我国学者张维迎和周其仁等也认为企业规模经济的实现主要源自于企业制度的创新。

另外，企业与企业之间的制度和企业的内部制度一样会影响厂商的生产规模。20 世纪 80 年代，日本企业之间建立在横向和纵向供货商和分销商基础之上的独特的组织系统造就了日本企业的高竞争力。作为一种特殊的制度安排，这种供产销关系的“内部系统”享有了对外贸易信息在规模上的优势，即具有交易内部化的特征，又具有分散管理所具有的市场交易的高效率。这种“内部系统”在促进日本产品顺利进入并占据美国市场的同时，也为美国产品进入日本市场设置了巨大的障碍。

三、贸易发展对制度质量的影响

新制度经济学认为，制度创新发生在经济主体对参加约束的预期收益和预期成本进行比较而发现预期收益大于预期成本之后，是用新制度代替旧制度的活动，制度创新是经济主体通过成本效应分析后所作出的理性权衡的结果，在现实社会中，制度绩效范围的拓展需要依靠制度的不断创新来实现。制度与贸易是一种互动关系[①]，贸易对合约实施、产权保护等制度质量范畴有着重要的影响。

制度本身具有内在的经久性（persistent）（Acemoglu，Johnson and Robinson 2005a）。制度之所以存在这种经久性，是因为掌握政治权力的机构往往会设计一种将资源再分配给它们自己的经济制度，反过来，这种有利于掌握政治权力机构的资源再分配又会强化它们的政治权力。这种资源再分配和政治权力之间的双向依赖关系很难被打破。因此制度变迁的发生会以两种方式进行，即要么在资源分配方面发生的大的实质性变化，要么权力分配发生大的实质性变化。

① 倪晓菁，唐海燕. 论制度创新与我国对外贸易发展［J］. 石家庄经济学院学报，2005（5）.

而贸易开放正是一个寻求发生这样变化的来源，因为它通常会对经济结构产生实质性的、令人吃惊的影响①。更大的开放可以通过减少租金、为改革带来更多的支持者、诱导那些需要高制度质量的部门专业化等渠道而改善制度质量②（Johnson Ostry and Subramanian，2007）。贸易自由化中获得的最大的增长好处可能并不是来自那些常规的渠道，而是来源于贸易自由化所促进的制度的改革③（Rodrik，2000）。

我们借助于 Levchenko（2011）模型框架来说明贸易开放是如何影响制度质量的。考虑一个拥有两种生产要素（资本 K 和企业家才能 H）和三种产品（其中两种商品仅使用一种生产要素生产，称为 K 产品和 H 产品，混合产品 M 是用这两种生产要素生产的产品）的经济体。K 产品和 H 产品的生产技术是 K 和 H 的线性函数，假设一单位的资本生产 α 单位的 K 产品，一单位的 H 生产 β 单位的 H 产品，那么这两个行业的利润最大化的公式为 $PK^{\alpha}=r$ 以及 $PPK^{\beta}=w$，其中 r 和 w 分别为资本和企业家才能的报酬。M 产品使用里昂惕夫生产函数进行生产，一单位的 H 和 x 单位的 K 生产 y 单位的 M 产品。本书认为制度之所以重要，是因为制度为不同的经济主体的交易提供了便利。M 产品是唯一的需要两种生产要素生产的产品，因此很自然地认为 M 产品是依赖于制度的。我们假定有两个不同的集团进行投资联合生产，生产关系可以用它们投资的比例来表示。投资的不可逆性特征使得这些集团不太愿意进行投资。因此减少低效投资的方式是签署长期合约或者以分派剩余控制权的方式来分配知识产权。合约实施的质量、产权的保护等这些制度因素对这种两种解决方法都很重要。

H 可以被看作是内在的资本，而 K 可以被看作是外在的资本。假定 M 产品生产中，资本投资中的 φ 为专用性投资，生产后 K 只能收回 1 - φ 的比例。参数 φ 可以捕获合约实施和产权保护的质量，它的取值在各个国家是不同的。高质量的制度因此对应着较低的 φ 值。当 φ = 0 时，制度是完善的。

那么不完善制度的结果是什么？前面说过，一单位的 H 和 x 单位的 K 用来生产 y 单位的 M。生产单位形成以后，K 仅仅能够收回（1 - φ）部分的投资。

---

① Acemoglu, D., Johnson, S., Robinson, JA., *Institutions as a Fundamental Cause of Long-Run Grout*,. Handbook of Economic Growth. Vol. 1, partA, 2005, pp385 -472.

② Johnson, S., Ostry, J., Subramanian, A., The Prospects for Sustained Growth in Africa: Benchmarking the Constraints, *IMF Working Paper* 07/52.

③ Rodrik, D., *Trade Policy Reform as Institutional Reform*, Mimeo, Harvard University Kennedy School of Government.

为了使 K 形成生产单位，其专用性投资部分必须得到一定份额的补偿。可以用收入减去要素的事后机会成本 $s(pMy-w-r(1-\phi)x)$ 来表示，我们假设事后投资双方实现了一个纳什均衡，每一方都得到一半剩余。因此 K 只有在满足个人理性约束 $r(1-\phi)x+\frac{1}{2}s\geqslant rx$ 的情况下才会进入 M 产品的生产。重新整理得到：

$$pMy\geqslant w+r(1+\phi)x$$

现假设 A 国和 B 国为贸易伙伴国，A 国的制度质量高于 B 国，即 $0\leqslant\phi^{A}\leqslant\phi^{B}$。在两国进行国际贸易之前，两国在 M 产品的生产和消费方面自给自足，由于 M 产品是制度密集型产品，而 $0\leqslant\phi^{A}\leqslant\phi^{B}$，因此可以推断 M 产品的价格 $P_{M}^{A}\leqslant P_{M}^{B}$。当两国进行贸易时，由于制度差异也是比较优势的一个来源，根据比较优势理论，A 国将出口 M 产品，B 国将进口 M 产品，P_{M}^{B} 将会下降。根据 $pMy\geqslant w+r(1+\phi)x$，B 国的利益集团要想继续获得制度密集型产品的租金，就要不断地降低 ϕ^{B} 的值，即不断地改善本国的制度质量。对于 A 国而言，B 国 ϕ^{B} 值降低反映的是国内的 ϕ^{A} 水平低于贸易伙伴国。这样，A 国就可以保持 M 部门的生产，并且获得租金。只要 A 国比其贸易伙伴国的制度质量高，即 $0\leqslant\phi^{A}\leqslant\phi^{B}$，那么它就没有动力再去改善制度质量，因此其租金的获得此时并不再取决于 ϕ 的大小。此时，$w(\phi^{c},\phi^{-c})$ 和 $r(\phi^{c},\phi^{-c})$ 都会增加，但是 C 国同时还获得了将 M 部门维持在本国的来自于他国的一部分租金收入。在国际贸易中极端的情况是：只有拥有较高制度质量的国家 A 国会生产以租金为特征的制度密集型产品，即 M 部门仅仅是在 A 国生产。同时，拥有较差制度质量的 B 国在进行贸易时，这些租金就会消失。

在自给自足的情况下，H 集团游说增加 ϕ 值的唯一原因是它可以从 M 部门中获租，但是在贸易的情况下，两国在设置经济制度时并不是合作的。当国与国之间享有相同的技术时，对 M 部门租金的竞争导致了国与国之间制度质量的“向上竞争”，两个国家都争相改善制度质量到最大可能的水平，这是因为游说低制度质量的理由——租金会消失，直到制度改善到比贸易伙伴国的制度质量更高一些为止。当两个国家都同时且不合作地设置其制度质量时，均衡的结果是获得制度质量达到最大可能达到的水平。这个结果有一个显著的特征就是它不依赖于国家的特征。一国在自给自足时其均衡制度可能非常糟糕，然而，在贸易的情况下，这些特征都无关紧要。“向上竞争”结果完全归因于改变了游说集团关于最优制度的偏好。贸易开放并没有改变游说集团的政治权力，却改善了制度。

低制度质量的结果是租金的出现，而这些租金通常被国内的某些团体所获得。游说的结果是带来不完善的制度，因为有可能得到租金的机构有动力去游说以便获得这些租金。在贸易情况下，低制度质量国家的租金会消失，为了重新获得这些租金，这些国家必须改善其制度质量，以便要使本国的制度质量高于贸易伙伴国。

在均衡的情况下，两国的制度都达到了最大可能达到的水平。这说明不良的制度在开放的世界中所付出的成本会更大，然而，制度改善不发生的情况也是存在的。制度改善背后的驱动力是租金的消失，而租金的消失正是低制度质量国家贸易开放的结果，这一结果发生的可能原因之一是技术方面的差异。如果贸易的一方在制度密集型产品的生产方面有着足够强的比较优势，那么不管是本国还是贸易伙伴国的制度变迁，都不会对生产的专业化模式产生影响。因此，如果两国的技术差异很大，制度的“向上竞争”可能不会发生。制度的改善在两国可能都不会发生，事实上，在这种情况下，贸易开放可能会增加而不是减少租金，出口制度密集型产品的国家贸易开放的结果有可能是制度的恶化①。

① Levchenko, A. A., International Trade and Institutional Change, *Nber Working Paper Series*, Working Paper 17675.

第三章　制度质量的分析框架

第一节　制度质量有关基本概念

一、制度

制度（institution）是从拉丁语动词 instituere（创立或建立）派生而来的，它是制度经济学的核心概念，也是制度分析方法的理论基石和逻辑起点。虽然绝大多数人对于制度的重要性持高度肯定的态度，但是很少有人真正清楚他们所肯定的这个“制度”的真正含义。什么才算作是制度？这个看起来非常普通而基本的问题，事实上存在很大的争议。最早在经济学中引入“制度”概念的，是旧制度经济学（OIE），它对于制度的看法就是“控制、解放和扩展个体行动的集体行动”①。OIE 诞生于美国，而美国实行的是普通法制度，因此在旧制度经济学看来，制度又可看作是“个人或社会对有关的某些关系或某些作用的一般思想习惯；而生活方式所由构成的，是在某一时期或社会发展的某一阶段同行的制度的综合。因此从心理学的方面来说，可以概括地把它说成是一种流行的精神态度或一种流行的生活理论”②。换言之，制度实质上是涉及个人与个人之间、个人与社会之间的某些社会经济关系的思想习惯，而这些习惯已成为一种公理化和必不可少的东西。

在西方经济学领域，旧制度经济学对制度的定义的引用率较高，影响力也较大，但还是有其他学者从不同的角度对制度的内涵重新进行界定。例如，斯

① ［美］康芒斯．制度经济学［M］．北京：商务印书馆，1962.
② ［美］凡勃伦．有闲阶级论：关于制度的经济研究［M］．北京：商务印书馆，1964.

考特对制度定义为“社会的全体成员都赞同的社会行为中带有某些规律性的东西，这种规律性具体表现在各种重复的情境之中，并且能够自行实行或由某些外在权威施行之”①。总体来看，旧制度经济学之后的学者对于制度的界定可以划分为两大类：一类把制度看作是博弈的结果，另一类把制度看作是博弈的规则②。斯考特赞同第一种观点，将制度看成是一种博弈的结果，即制度是“由社会所有成员同意的社会行为的规则，是在特定的情况下反复发生的特殊行为，这些行为要么是自我监督，要么是通过一些外部机构来监督”③。新制度经济学（NIE）的创始人之一诺斯是第二种理论的拥护者，其主要观点为“制度是一个社会的游戏规则，更规范地说，它们是决定人们的相互关系而人为设定的一些制约”④，“制度由正式约束（如规则、法律和守法），非正式约束（如行为规则、习俗、自愿遵守的行为准则）以及它们的实施特点构成，它们共同决定了社会尤其是经济的激励结构”⑤。另一位知名学者舒尔茨也持基本类似的观点，他认为制度是“被所有社会成员认同的关于社会行为的规则，它明确了在重复出现的情况下应有的行为，是自我监督的或由某个外部的权威来监督”。以此为基础，舒尔茨进一步把制度划分为四类：用于降低交易费用的制度，用于影响生产要素的所有者之间配置风险的制度，用于提供职能组织与个人收入之间联系的制度，用于确立公共产品和服务的生产与分配框架的制度⑥。

这里需要指出的是，要正确理解制度的内涵，还需要首先弄清制度环境、制度安排与制度结构这三个概念的区别与联系。制度环境是“一系列用来建立生产、交换与分配基础的基本的政治、社会和法律基础规则”⑦，例如法律和产权规则、规范和社会传统等，具有相对稳定性。“制度安排的定义是约束特定行动模型和关系的一套行动规则。制度安排可以是正式的，也可以是非正式的。正式的制度如家庭、企业、工会、医院、大学、政府、货币、期货市场等。相反，价值、意识形态和习惯就是不正式的制度安排的例子。经济学家在用‘制

---

① Schotter, A., *The Economic Theory of Social Institutions*, Cambridge: Cambridge University Press, 1980.
② Aoki（2001）加入了博弈参加者的观点。
③ Schotter, A., *The Economic Theory of Institutions*, Cambridge: Cambridge University Press, 1981.
④ North, D., *Institutions, Institutional Change and Economic Performance*, Cambridge: Cambridge University Press, 1990.
⑤ 诺斯. 历时经济绩效［J］. 经济译文，1994（6）.
⑥ T. W. 舒尔茨. 制度与人的经济价值的不断提高［M］//R. 科斯，A. 阿尔钦，D. 诺斯. 财产权利与制度变迁：产权学派与新制度学派译文集. 上海：上海人民出版社，上海三联书店，1994：16－32.
⑦ L. E. 戴维斯，D. C. 诺斯. 制度变迁的理论：概念和原因［M］//R. 科斯，A. 阿尔钦，D. 诺斯. 财产权利与制度变迁：产权学派与新制度学派译文集. 上海：上海人民出版社，上海三联书店，1994：52－78.

度’这个术语时，一般情况下指的是制度安排。制度结构被定义为一个社会中正式的和不正式的制度安排的总和。”① 不难发现，学者们关于制度林林总总的定义紊乱而空泛。之所以未能就制度的内涵达成一致意见，其主要原因诚如青木昌彦所说的那样，我们不能把制度等同于法律条文、非正式规范、组织、合同等，或者这些因素的部分或者全部的组合。给制度下一个定义取决于我们分析的目的②。当我们研究的是短期现象时，制度是一种外生的约束，当社会参与人无力改变制度的时候，我们将其视为对人们行为进行约束的人类自身设计的规则；当我们研究制度的演化、变迁以及社会制度的形成的时候，我们就应当将其视为博弈者之间的策略互动从而最终自我实施的均衡结果。因此，西方学者们对于制度定义产生分歧的主要原因，来自于他们研究的视角不同，其定义从根本上说并无优劣之分。

最后要特别指出的是，诺斯等经济学家所说的制度主要指的是具体的、与制度环境有别的制度安排，其中，诺斯常说的“制度矩阵”实际上指的是一个社会的一系列制度安排的总和，它们构成了一个社会的激励机制，并对经济效率负责。因此，这种制度更多指的是微观上的制度安排。从这个角度上说，马克思的政治经济学说对于制度的把握或许更优。这是因为，在马克思那里（虽然马克思并没有明确地提出“制度”的概念），制度是生产力决定的产物，它是囊括了诺斯的制度安排与制度环境在内的一个社会的总的生产关系，此外，马克思还生动地揭示了制度不同层级相互之间的动态关系③。

二、制度变迁

对于具体的制度而言，它一旦被确定就存在帕累托改进的可能性，因而对最优制度的追求就成了制度主体所追求的一个目标。然而，一旦引入时间变量，制度的最优状态就不复存在，要追求制度质量的改进就必须进行制度变迁。制度变迁，可以看作是“制度的替换、转换与交易过程”，是“一种效益更高的制

① 林毅夫．关于制度变迁的经济学理论：诱致变迁与强制性变迁［M］//R. 科斯，A. 阿尔钦，D. 诺斯．财产权利与制度变迁：产权学派与新制度学派译文集．上海：上海人民出版社，上海三联书店，1994：93－112.

② ［日］青木昌彦．比较制度分析［M］．上海：上海远东出版社，2001.

③ 马克思，恩格斯．马克思恩格斯选集：第1卷．北京：人民出版社，1995：345.

度（即所谓‘目标模式’）对另一种制度（即所谓‘起点模式’）的替代过程”①。因此，制度变迁实际包含有双重含义：一是制度创新，即新的制度安排如何产生的问题；二是如何从旧制度安排过渡到新制度安排，即新旧制度如何转轨的问题。

制度如何变迁，实际上不仅是一个复杂而艰巨的过程，还是一个存在路径依赖的过程。起初人们认为，制度问题只是一个短期问题，所谓的“制度真空”可以被迅速地填充起来②。然而，东欧转型国家的经验告诉我们制度不能在一夜之间被改变，它注定是一个漫长的过程。既然如此，那么有哪些因素能有效地促进制度变迁？首先，有效的组织是制度变迁的关键。组织是由具有共同目标的个人结成的集合，它是“制度变迁的媒介，并且决定制度变迁的方向”③。其次，相对价格的变化会导致制度变迁。相对价格主要包括要素价格比率的变化、技术的变化等，当它发生变化时，人们之间的激励结构、行为模式都会逐渐改变，并最终趋于新的制度均衡。再次，制度变迁的成本—收益比较也会导致制度变迁，制度变迁的成本常常成为阻碍制度变迁的主要因素。一般来说，只有在存在一个净收益（即社会福利增加）时，才会引起制度变迁。在实际的变迁过程中，利益受损者在社会和决策体系中越是居于重要地位，清除制度阻力的成本就会越高。最后，制度竞争也会促使制度变迁的实现。在全球化时代，制度竞争是不可避免的，而且制度差异对于成本水平的影响很大。在此情况下，制度质量差异往往会导致不同的盈利水平。此时，制度变迁就成了一种竞争性选择，会迫使无效率的制度进行变迁（创新），此时的制度变迁正如凡勃伦所说的那样，是一个“淘汰的、强制的过程”④。

制度变迁的基本范式主要四种：第一种制度变迁范式是国家设计范式。以诺斯为代表的这一范式的经济学家认为，产权理论和国家理论是经济增长和制度变迁的两个基本支柱。一方面，如果一个社会的所有权体系能够明确规定个人的财产权，并对他提供有效的保护，就能减少经济活动的成本和费用，使个人收益接近社会收益，从而激励个人创新、提高整个社会的经济效率。另一位

---

① 卢现祥．西方新制度制经济学［M］．北京：中国发展出版社，2003：79.

② Koop, M. and P. Nunnenkamp, Die Transformationskrise in Mittel-und Osteuropa: Ursachen und Auswege, *Die Welt-wirtschaft*, 1994, Vol. 1, pp. 67－92.

③ North, D., *Institutions, Institutional Change and Economic Performance*, Cambridge: Cambridge University Press, 1990.

④ ［美］凡勃伦．有闲阶级论：关于制度的经济研究［M］．北京：商务印书馆，1964：140.

著名的法律经济学家波斯纳也表达了同样的观点，他认为经济效率的“基本激励来自于分配给社会成员的对于特定资源的排他性使用的排他性权利”①。另一方面，国家作为一个具有合法暴力和自然垄断性质的机构，处于确定和保护产权的优势地位。但是，国家也是利益最大化的经济人，它也经常会为自身利益的最大化而不惜损害个人的产权，因而，对国家行为的必要约束就是必要的，可以防止国家意志不合理地配置产权制度，从而导致经济的衰退。一般而言，制度变迁的预期收入超过预期成本，制度就会发生变迁。第二种制度变迁的范式是自我演化的范式。以哈耶克为代表的这一范式的经济学家认为，人类的信息和知识都是十分有限的，实际上有效的制度不可能人为地设计出来。更为重要的是，社会福利是不可加总的，以某一种福利标准设计的制度，无法满足千差万别的人群的偏好，结果只能是以扼杀不同人的偏好和福利为代价。于是，制度变迁就是一个自然形成的、不明确、不确定且不断试错的发展过程，如果硬要由人类自已来设计制度，它要么是不合理的，要么会演变为极权主义的制度。要形成自然演进的制度，就必须保证不同的经济主体，尤其是个人的自由选择权以及相互之间所形成的博弈与互动的关系。第三种制度变迁的范式是奥尔森的利益集团范式。该范式既不认为制度完全是理性设计的产物，也不认为制度完全是自然演进的，而是强调制度变迁的根源取决于利益集团的形成和发展。利益集团的存在会增加社会活动的交易成本，降低社会经济效益，于是利益集团的强大和发展会削弱一个好的经济制度，反之会对经济制度起促进作用②。第四种制度变迁的范式来自于马克思的相关理论。根据马克思的相关论著，制度变迁中的效率标准，并不是“经济人”标准的抽象集合，一般是以统制阶级或主导性利益集团的标准为转移的，因此，制度变迁本身、变迁的界限和范围，都是由生产力所决定的。“无论哪一种社会形态，在它们能容纳的全部生产力发挥出来以前，是绝不会灭亡的，更新更高的生产关系，在它存在的物质条件在旧社会的胞胎里成熟以前，是绝不会出现的。”③ 换而言之，只有当社会再也无力承担低效率制度的高昂成本，该制度本身已没有改进余地，并且统制阶级和主导性利益集团也认可时，制度变迁才可能发生。

---

① Posner, R. A., *Economic Analysis of Law*, Boston: Little Brown, 1977.

② 也有学者认为，更多的利益集团并不意味着更大的政治影响力，而且利益集团的存在也不一定就会阻碍经济的发展。见 Unger, B. and F. van Waarden, Interest Associations and Economic Growth: A Critique of Mancur Olson's Rise and Decline of Nations, *Review of International Political Economy*, 1999, Vol. 6, No. 4, pp. 425 - 467.

③ 马克思，恩格斯．马克思恩格斯选集：第 2 卷［M］．北京：人民出版社，1975：83.

三、交易成本（费用）

尽管交易成本（费用）的思想早在大卫·休谟和亚当·斯密那里初见端倪，但直到1937年科斯的《企业的性质》一文发表，才第一次开辟了经济学交易成本（费用）分析的新思路①。令人尴尬的是，在此后将近30年的时间里，交易成本（费用）一直都处于“不引不用”或“引而不用”的境地②。这固然与交易成本（费用）本身过于宽泛有关，更重要的原因在于当时科斯并没有完整地使用“交易成本（费用）”这一概念，更没有对这一概念进行界定。那么，什么才算是交易成本（费用）？科斯（1937）将其视为“通过价格机制组织生产的、最明显的成本，就是所有发现相对价格的成本”③。在1960年的《社会成本问题》中，科斯明确地提出“市场交易成本”概念，将交易成本（费用）更一般化地拓展开来。在他看来，交易费用应包括度量、界定和保障产权的费用，发现交易对象和交易价格的费用，讨价还价、订立交易合同的费用，等等。此外，他还探讨了产权、交易成本（费用）和资源配置效率之间的关系，即影响深远的“科斯定理”。斯蒂格利茨将交易成本（费用）定义为“进行交易所增加（购买价格之外）的成本，这些成本可是货币、时间，也可以是某种不方便”④。

继科斯之后，达尔曼、威廉姆森、阿罗及张五常等人将交易成本（费用）理论细化并将之拓展至市场经济组织层级。例如，达尔曼认为交易过程有三个不同的连续阶段，与之对应，交易成本（费用）也存在三种不同的类型：寻找和信息成本、讨价还价和决策成本、监督和执行成本⑤。

与达尔曼类似，威廉姆森也认为，从契约过程来看，可以将交易成本（费用）分为事前与事后两个阶段，并且两者明显不同。威廉姆森指出，确定交易成本（费用）必须考察交易的主要维度——交易发生率、交易非确定性程度和种类、资产专用性条件，其中资产专用性是关键维度。在其《资本主义经济制度》一书中，他进一步指出，企业自己生产某一物品的（生产）成本与从市场

① 张五常．交易费用的范式［J］．社会科学战线，1999（1）．

② 事实上，哈耶克早期的著作也很重要，他强调与集中计划相比，市场体系的一个主要优越性在于它可以降低信用成本，见 Von Hayek，F. A.，Economics and Knowledge，*Economica*，1937，Vol. 4，No. 13，pp. 33 – 54.

③ Coase，R. H.，The Nature of Frim，*Economica*，1937，Vol. 4，No. 16，pp. 386 – 405.

④ ［美］奥利弗·E. 斯蒂格利茨．经济学：下册．北京：中国人民大学出版社，1997.

⑤ Dahlman，C. J.，The Problem of Externality，*Journal of Lagal Studies*，1979，Vol. 22，No. 1，pp. 141 – 162.

购买这种物品的（生产）成本之差，是随着资产专用性程度的提高而下降的。于是存在一个临界资产专用型程度，低于这个程度，适宜由市场来组织生产，反之，应由企业来组织生产。与达尔曼、威廉姆森不同，阿罗认为交易成本（费用）是“经济系统运行的成本”，或“运行一个制度所耗费的资源的价值”①。张五常也将交易成本（费用）等同于制度成本（费用），即“看不见的手”的运行成本，它并不需要必然地与某一交易相联系。“交易费用可定义为在鲁滨逊·克鲁索经济中不可能存在的所有的各种各样的成本”，“简言之，包括一切不直接发生在物质生产过程中的成本”②。

综上，从本质上讲，交易成本（费用）可以看作是现实社会及经济生活中的“摩擦力”③。交易成本（费用）虽然本身不创造财富，但它的存在是市场价格机制运行对社会资源的一种浪费。因此，交易成本对制度安排、产权界定与社会发展方向具有决定性的影响。首先，当一项新的制度安排的初始条件面临高昂的交易成本时，新的制度安排就可能流产而处于制度锁定状态。事实上，制度变迁反映的正是人们减少交易成本的努力过程。其次，交易成本能深刻地影响产权界定。科斯定理就明确地指出，如果交易成本不存在，则没有产权界定之需要。最后，交易成本应被视作“经济绩效的关键”④。从现实来看，发展中国家的产权界定和制度构建使单笔交易成本较高，而个人和组织的技术创新可获得的创新收益较低，这种状况的持续最终不利于整体技术创新及长期经济发展。

四、制度质量

与前三个基本概念相比，制度质量也许是最隐晦、最难以把握的制度经济学范畴了。事实上，在许多制度经济学家或研究制度经济学领域的学者的眼里，“制度质量”这一概念基本不存在，存在的只有“制度”“制度安排”“制度变迁”等概念。新进入这一领域研究的学者常会因此而困惑，最终难免出现“达

---

① Arrow, K. J. , The Organization of Economic Activity: Issues Pertinent to the Choice of Market Versus Nonmarket Allocation, in Joint Economic Committee, 91st Session (eds.), *The Analysis and Evaluation of Public Expenditure: the PPB System*, Washington: U. S. Government Printing Office, 1969.

② 张五常. 交易费用的范式［J］. 社会科学战线，1999（1）.

③ ［美］奥利弗·E. 斯蒂格利茨. 资本主义经济制度［M］. 北京：商务印书馆，2004：31.

④ 诺斯. 经济学的一场革命［M］. //［法］克劳德·梅纳尔. 制度、契约与组织：从新制度经济学角度的透视. 北京：经济科学出版社，2003：45－61.

其门而不入”的尴尬结局。“制度质量”是否存在？答案是肯定的。原因在于，如果从静态的、封闭的、单个的个体来看，制度就是制度，并无高低优劣之分。然而，一旦加入了时间维度或国家维度，换而言之，只要有参照物的存在，那么无论你所从事的是比较制度分析（CIA）还是经济计量分析，你所研究的就不再是制度本身，而是确实存在的制度质量，不管你是否意识到这一点。

既然制度质量确实存在，那么到底什么才算是“制度质量”？遗憾的是，迄今为止并没有现成的文献可以引述，因为并没有哪位学者专门对此下过定义。从一个一般的角度来看，“制度质量”可以看作判断制度优劣的标准，它更是制度变迁最根本的原因。这是因为，正是由于制度质量存在“好”“坏”与“高”“低”之分，制度变迁的动机才得以产生。

制度变迁的结果既可能是新的制度代替旧的制度，也有可能是制度本身的演进过程，但不管采取哪种制度变迁方式，贯穿于制度变迁始终的只能是制度质量的改善与提高。对此，阿夫纳·格雷夫进行了精彩的阐述，他认为“好的制度可以通过鼓励储蓄、人力资本和物质资本投资以及有用知识的开发吸收等方式来促进生产。这些制度还可以维持一个可持续的人口增长率和有利于社会福利增进的和平环境，它也有利于创造出可以联合动员社会资源和提供公共品供给的良好政策”①。因此，组织、相对价格、成本—收益等的变化确实能实实在在地促成制度变迁的完成，但通常情况下这种作用并不是直接的。换言之，只要制度没有消亡，这些影响因素所调整的就只是制度的质量，而并非制度本身（见图3－1）。

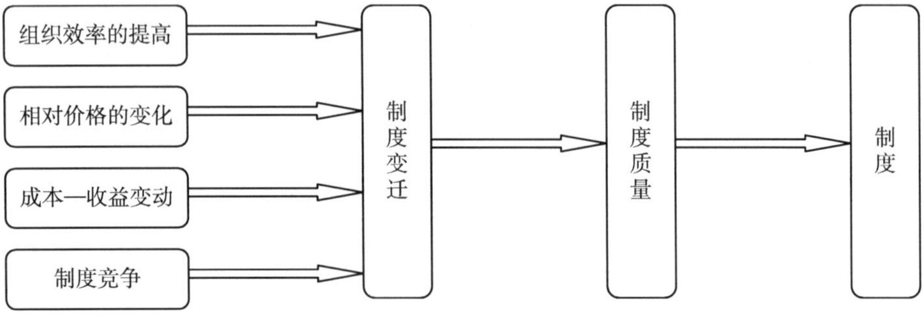

图3－1　制度变迁与制度质量

① Grief, A., *Institution and The Path to Modern Economy*, Cambridge: Cambridge University Press, 2006.

在以上研究的基础上，存在一个与“制度质量”相近但又有所差别的概念，即“制度效率”。事实上，诺斯所反复强调的就是“制度效率”。在《西方世界的兴起》一书中，诺斯和托马斯讲到，“创新、规模经济、教育、资本积累等并不是经济增长的原因，它们是增长”，“有效率的经济组织是经济增长的关键，一个有效的经济组织在西欧的发展正是西方兴起的原因所在”，经济组织的效率刺激经济增长的关键在于“在制度上作出安排和确立所有权以便造成一种刺激，将个人的经济努力变成私人收益率接近社会收益率”①。对此，奥尔森也强调到，“各国财富的巨大差异，唯一合乎逻辑的解释是它们之间的制度和经济政策质量的差异而造成的”②。接下来的问题是，既然有效率的经济制度是经济增长的关键，为什么无效的制度能长期存在，以至于“坏”的制度能长期被锁定呢？这个问题的解决可能要回到问题的出发点本身，即“制度质量”与“制度效率”自身的界定问题。一个普遍接受的答案是，正式制度的学习与实施要与非正式制度保持一定的一致性，而非正式制度的演进和改造是一个漫长的过程，这也就是杨小凯等人所声称的“后发劣势”存在的主要原因③。

在借鉴前人对制度质量定义的基础上，我们认为制度质量是对制度好坏的衡量，是制度差异的主要体现。高质量的制度是能够很好地提供有效的产权、减少交易成本且相对稳定的制度，反之则是低质量的制度。高质量的制度是内容完备、具有较强的执行力和公信力的制度，这类制度对人们的行为具有基础性的约束作用。拥有高质量制度的国家，经济交往中机会主义减少，各类经济行为结果具有较高的预见性，国家能够很好地对经济进行管理和调控。反之，内容缺乏、公信力和执行力较差的制度为低质量的制度，这类制度对人们的经济行为具有较弱的约束力和威慑力，执法不严、腐败、司法体系效率不高且缺乏独立性都是低质量制度的表现。

第二节　制度质量分析的二维属性构建

制度质量研究主要涉及两个方面：一是制度的有效性，二是制度稳定性。

① ［美］道格拉斯·诺斯，罗伯特·托马斯．西方世界的兴起［M］．北京：华夏出版社，1999.

② Olson, M., Big Bills Left on the Sidewalk, *Journal of Economic Perspectives*, 1996, Vol. 10, No. 2, pp. 3 – 24.

③ 萨克斯，胡永泰，杨小凯．经济改革和宪政转轨［J］．经济学：季刊，2003，2（4）.

一、制度有效性

有效性就是效率。效率一般用来说明成本与收益之间或者投入与产出之间的关系。传统的经济学在研究“效率”时，通常以“帕累托最优”为标准，认为经济主体都不愿改变自己策略时，经济就达到了帕累托最优状态，又称作经济效率。但这一分析受到了制度经济学家们的质疑。科斯在进行效率评价时，引入了交易成本理论，进而提出了科斯定理，他认为只要产权是明确的，并且其交易成本为零或者很小，则无论在开始时将财产权赋予谁，市场均衡的最终结果都是有效率的，资源配置都能够达到帕累托最优状态。然而，在现实社会中，交易成本处处存在，而且正是因为交易成本的存在，制度才显得更为重要。因为不同的制度安排会带来不同的利益和成本分配。布罗姆利在《经济利益与经济制度》一书中指出：“判断资源的每一种配置是否有效率主要取决于经济深层的制度结构，即产品的所有权状况和经济主体的财富状况”，而且他还认为社会中不但存在着提高生产效率和改善收入分配的制度交易，还存在着能够重新分配经济优势以及重新配置经济机会的制度，它们都是有效率的，尽管在一些情况下，这些制度交易是不符合“帕累托效率”的。

制度的有效性可以从制度的成本与制度的收益之间的对比来进行描述和解释。制度成本主要包括制度本身的设计、组织成本以及制度运行时所发生的组织、维持和实施等费用；而制度的收益则是制度在减少外部性和不确定性、降低交易成本方面所发挥的作用。我们可以用以下两种方法来表示制度有效性：一种是假定制度的收益既定，则选择成本较低的制度是更有效的制度；另一种是假定制度的成本既定，则能够带来更大收益的制度是更为有效的制度。

那么究竟如何判断一项制度是否是有效的制度?

诺斯在其早期研究中，从实证角度建立模型，通过衡量交易成本的高低来判断制度的效率。他认为较高的交易费用并不必然和低制度效率相联系，有些国家尽管交易费用较高，但其具有比较健全的法律制度和司法系统，因而在保护产权和促进经济增长方面仍然是高效率的。诺斯在后来的研究中又提出了制度效率的“适应性效率标准”，即处于该项制度下的行为主体同该制度之间的适应程度。但是由于适应性效率属于主观感受，难以进行数量上的精确描述，因此，除了在该制度约束下的主体能够感知这一适应程度外，其他外部观察者是无法把握这一适应性效率的。

对于外部观察者而言，郑兴山等人认为可以对一项制度约束下的微观主体的“产出”结果进行观察，进而通过比较“产出”结果来发现该制度的效率。现以企业进行的某项制度创新为例来说明这一点：假定企业在生产技术等外部环境是既定的情况下，实施了一项新的制度安排，则可以用以下方法来衡量该项新制度的效率：

首先，可以将该项制度带来的净成本和净收益进行对比来衡量效率。假定该项新制度实施后该企业的收益为 R_1，该项制度实施前的收益为 R_2，那么该项制度所带来净收益为 $NR = R_1 - R_2$。再假定该项制度实施后的企业的总成本为 C_1，该项制度实施前的企业总成本为 C_2，则该项制度的实施净成本为 $NC = C_1 - C_2$，则制度效率 $E_1 = NR/NC$。由此可见，制度效率 E_1 与制度收益成正比，与制度的成本成反比。这种衡量方法反映了一项新的制度所带来的效率。

其次，制度的对比效率。假设该项制度实施前的收益 R_2 基本保持不变，且新制度实施的净成本 NC 基本固定，则我们可以用 $E_2 = R_1/NC$ 来近似地代表所采取该项新制度的效率。如果 R'_1 为企业采用另一制度所带来的收益，且净成本 NC 不变，若 $R_1 > R'_1$，则说明前项制度比后一项制度更有效率。制度的对比效率方法可以用来对同一组织采取不同的制度进行对比分析，十分简单实用，但无法用于不同对象的比较，而且所假定的基本固定的净成本 NC 在现实中常常是变动的。

最后，制度的边际效率。设某一项制度的边际收益用 MR 表示，该项制度的边际成本用 MC 表示，该项制度的边际效率用 ME 表示，则 $ME = MR/MC$。我们可以根据 ME 的值来判定采取某一项新制度的有效性：

如果 $ME = (MR/MC) > 1$，则该项新制度是有效的制度；

如果 $ME = (MR/MC) < 1$，则该项新制度是无效的制度；

如果 $ME = (MR/MC) = 1$，则由此可确定制度收益的最大化边界。

该种判定方法可以用来判断制度变动的科学性和有效性，但却不能反映制度带来的平均效率水平①。

制度效率并不是一成不变的，任何一项新的制度安排都是在一定的生产力水平基础上产生的，但是如果其不能随着生产力的发展与技术的进步作出相应

① 郑兴山．产权制度和企业绩效［J］．经济体制改革，2001（1）．

调整的话，那么该制度安排的效率必然会下降。从长期来看，制度的效率“生命”曲线和生物体的生命曲线类似。任何社会所存在的制度形式不是完美无缺的，每一种制度形式都有其生命周期，都会经历产生、发展、完善、衰亡这些阶段。一项制度安排在其生命初期可能是有效的，但是当制度的效率“生命”曲线达到一定点之后，再发展下去就会出现效率递减的趋势。此时就需要制度创新，制度创新实质上是制度为了适应生产力的发展和技术的进步所作出的制度调整，只有坚持制度创新才能避免制度效率递减的趋势①。

尽管在理论上可以对制度进行成本收益分析，但实际上难以计量制度的成本与收益，尤其是制度的收益。任何制度都不是单独发挥作用的，所有收益的形成都是多种因素综合作用的结果。制度本身也是一个小的社会综合体，其生成的影响是多方面的，既有有形财富的增长，又有无形知识的积累。因此对制度安排效率的计量通常是很困难的②。

二、制度稳定性

制度的稳定性是指制度维持一种相对不变的均衡状态。制度的稳定性主要强调总体制度框架的稳定，而制度框架中的边际调整和局部变化可以忽略不计。

从制度变迁的角度来看，制度效率与制度稳定性是一个有机的整体。稳定性是制度的主要特性，是制度存在的理由，因为制度多变意味着约束多变、信息多变、激励多变，意味着人们将无所适从。而具有稳定性的制度能使人们形成对未来的稳定预期，从而达到减少生活不确定性的目的。人类的社会生活无法在缺乏稳定性秩序的社会中进行，制度存在的理由便是制度的稳定性功能。

制度稳定性是以制度效率为基础的，只是出于对更高制度效率的追求，制度创新的过程才得以产生。作为微观主体的行为规则和规范，制度并非超时空的，而是现实的和具体的，也是不能自行改变的。行为主体一方面需要制度的稳定性，另一方面又有可能被制度的稳定性所困扰。原因在于随着外在条件和环境的变化，原有的制度安排会逐渐失去原有的功能，原来高效率的制度就会变成了现在低效率的制度。这就要求人们去采取行动，打破或者改变旧的制度，建立新的制度，这就是制度变迁的过程。

---

① 李怀．制度生命周期与制度效率递减［J］．管理世界，1999（3）．
② 黄少安．关于制度变迁的三个假说及其验证［J］．中国社会科学，2000（4）。

在制度变迁的过程中，一国必须经历一系列的制度改革和由此产生的一段时期的制度不稳定。制度变迁和因而产生的制度不稳定性对一国的经济发展会产生一定的影响。制度改革和制度变迁的方向有可能是正向的，即制度变迁反映的是对不断变化环境的适应，也有可能是负向的，即使是长期经济增长有利的正向制度变迁，在短期内也可能会因为制度的不稳定而产生阻碍对外贸易和经济发展的转型成本。那么，制度稳定性为什么重要呢？因为贸易发展和经济增长的维持需要制度建设的持续累积和稳定，而且，当经济增长的一定程度，不仅会对稳定的制度产生需求，还会在客观上要求采取措施来维持它们。因此，制度的稳定性对于制度的可持续发展至关重要。

我们可以通过下面的制度变迁演化图（见图3－2），来描述具体的制度变迁过程。由图3－2可见，制度变迁主要包括三个阶段：第一阶段为制度变迁的初始阶段，第二阶段为制度的稳定阶段，第三阶段为制度的更迭阶段。在制度变迁的初始阶段，制度质量曲线是一条向左上方凹进的曲线，在曲线的最左端，其斜率相对较小，是制度的创新过程。随着新制度被更多地接受和采纳，制度的效率得到提高，曲线的斜率逐渐增大，新制度被接受和采纳的时间越短、程度越高，该部分曲线的斜率就会越大，曲线也就会越陡峭，最终在第一阶段实现了新制度的合法化。在制度的稳定阶段，制度质量曲线成平稳的直线形式，这代表新制度被合法化后，达到了其效率的最大值，因此其稳定性也得以很好地维持。在制度变迁演化图的第三个阶段，曲线呈现出了S型的双重发展路径，这主要是由制度效率的递减规律所引起，由于制度效率存在递减的规律，因此制度曲线在此阶段的发展走向两个极端，要么消亡，要么演进，即曲线要么向下延伸，要么向上延伸。但是，无论是制度消亡还是制度演进，都会对贸易发展和经济增长产生重大影响。

承认稳定性的制度有利于对外贸易的发展和经济增长，并不意味着制度应当是一成不变的。一成不变的制度只会使国家陷入“制度僵化”陷阱。制度需要随其所在环境的变化而变化。要促进对外贸易的发展并非一定需要大刀阔斧的制度改革，对于发展中国家而言，制度的学习和引进是必需的，但它必须在可承受的范围内，具有相对稳定性的制度才能对外贸发展和经济增长产生长期作用。

从制度变迁的角度来看，制度的有效性与制度的稳定性实际是一个有机的整体。制度的稳定性虽然是制度质量的长期属性，但它必然是以制度的有效性

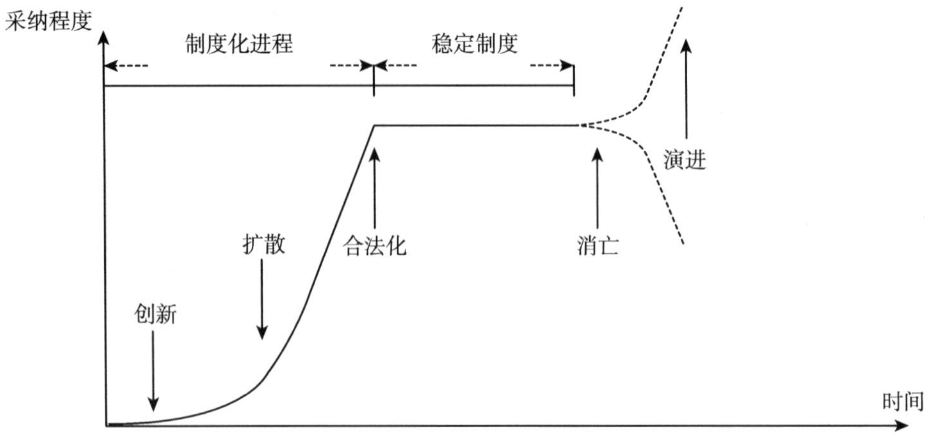

图 3-2　制度稳定性与制度质量曲线

为基础的。正是出于对更有效制度的追求，制度创新的过程才得以产生。在这一过程中，效率更低的制度由于无法适应新的生产力及生产关系的变化，逐渐让步于效率更高的制度。这是一个生动的新旧交替的过程，更是一场权力交接的生存斗争。逐渐崛起的创新集团与早已存在的既得利益集团将会进行复杂而持久的讨价还价、相互博弈的过程，其博弈的结果将直接决定制度演化的方向。

可以认为，制度的有效性是制度质量的直接特性。如果制度效率长期得不到有效的提高，制度的稳定性就失去了现实意义。此时，制度变迁要么无法实现，要么会造成制度效率的进一步扭曲，并有可能引发激烈的社会变革。而制度的稳定性是制度质量的长期特性。对于具体的制度而言，在制度边际收益递减的作用下，制度质量将不可避免地逐渐下降。如果任由制度质量下滑，一国不仅无法享受制度质量维持在高位所带来的全部好处，反而要承担制度有效性不断下降的制度成本。此时，较低质量的制度不断被“锁定”，“制度陷阱”开始出现，长期经济增长也得不到保障。

第三节　制度质量的度量指标及方法

由于制度本身具有难以测度的特性，国内外学者在作实证分析时，通常都是使用一定代理变量来度量制度质量的高低。这里将对国内外学者们所使用的制度代理变量进行梳理，为本项目研究所需使用的制度代理变量奠定基础。

一、正式制度指标及其度量方法

（一）全球治理指标（Worldwide Governance Indicators）

该指标是由丹尼尔·考夫曼（Daniel Kaufmann）和阿特·凯雷（Aart Kraay）、玛斯莫·马斯特鲁奇（Massimo Mastruzzi）（世界银行）等人开发。该指标主要包含六个方面的内容：一是话语权和责任（Voice and Accountability）。该项内容主要捕获一个国家的公民能够参与选择他们的政府的程度，捕获一国公民的言论表达自由程度，联盟自由程度以及是否拥有自由的媒体。二是政治稳定和不存在暴力（Political Stability and Absence of Violence）。主要捕获政府统治被包括政治动机型暴力和恐怖主义在内的违宪方式或者暴力方式所推翻或动摇的可能性。三是政府效率（Government Effectiveness）。主要捕获公共服务的质量，公民服务的质量和公民独立于政治压迫的程度，政策的制度和执行的质量以及政策对政策承诺的可信度。四是管制质量（Regulatory Quality）。主要捕获政府制度和执行承诺并促进私有部门发展的政策和规章的能力。五是法治（Rule of Law）。主要捕获机构对社会规则的信心度以及遵守这些规则的程度，特别是合约实施、产权保护、警察和法庭的质量以及犯罪和暴力的可能性。六是对腐败的控制（Control of Corruption）。主要捕获为了私人得益而实施公共权力的程度，包括各种形式的腐败，捕获社会精英和私人利益集团对国家的巧取豪夺。该指标汇集了全球发达国家与发展中国家的企业、民众和专家的观点，数据来自协会、智囊机构、非政府组织和国际组织，计算标准是将全球国家加以分析后，给予正负 2.5 之间的评分，然后按百分数排名。最新的全球治理指标（WGI）项目报告了 215 个国家 1996—2011 年的数据，是覆盖范围最广的制度质量代理指标。

（二）经济自由度指数（Index of Economic Freedom）

经济自由度指数是由《华尔街日报》和美国传统基金会发布的年度报告，是全球权威的经济自由度评价指标之一。该指数最初根据经济自由度 50 个指标评价各个国家的得分。每一个指标的最高得分为 1 分，最低得分为 5 分。在一个指标上分数越高，代表政府对经济的干涉水平越高，因此经济自由度越低。各个指标累加后的平均值可以计算出总体系数。美国传统基金会的观点是，具有较多经济自由度的国家与那些较少经济度的国家相比，会拥有较高的长期经济增长速度和更繁荣。

2007 年的世界经济自由度指数采用百分制（0—100）的评分办法，将有关经济自由度测评的 10 个大类指标逐一评定，摒弃了过去 5—1 的评分办法，使评分和评价呈同向关系。在计算出各个大类指标得分后，进行简单平均，即得出某一经济体的具体指数。得分越高，说明经济自由度越高；反之，经济自由度越低。依据得分情况，各个经济体被列入五个不同的自由度区间，即“自由经济体”（80—100）、“较自由经济体”（70—80）、“中等自由经济体”（60—70）、“较不自由经济体”（50—60）和“受压制经济体”（0—50）。2012 年该指标涵盖了全球 184 个国家和地区，其中中国香港地区连续 18 年被评为全球最自由经济体系，朝鲜依旧垫底，排名第 179 位。

（三）弗雷泽研究机构指数（Fraser Institute Index）

弗雷泽研究所是一家非营利性的科研教育机构，该机构成立于 1974 年，由迈克尔·奥克和帕特里克·泊伊尔在温哥华创建。这一指数从五个主要方面的指数来衡量经济自由的程度：（1）政府的规模：支出、税收和国有企业；（2）法律结构和财产权的安全性；（3）使用稳健货币的权利；（4）对外贸易的自由度；（5）对信贷、劳动力和商业的管制。这五个主要方面指数又包括了 23 个分项指数，而这些分项指数中，有很多其自身又包含若干基础指标。每个分项指数和基础指标都用一个数值从 0 到 10 的尺度来衡量，以反映指标值（得分）的具体分布。在每一个方面指数框架内，对组成该方面指数的分项指数的得分进行平均，以得到五个方面指数的得分。经济自由指数总得分是对这五个方面指数得分的平均，取值范围为 0—10，数值越大，表示经济自由度越高，反之就表明经济自由度越低。截至 2012 年，该指数涵盖 1970 年、1975 年、1980 年、1985 年、1990 年、1995 年、2000 年、2001 年、2002 年、2003 年、2004 年、2005 年、2006 年、2007、2008 年、2009 年。最新版本的《世界经济自由度指数 2011》将 141 个国家依据政府的相对规模、产权保护情况、货币稳定性、贸易开放程度和监管机制等指标进行排位。因为所使用的大量数据的时滞性，2011 版报告只是反映 2009 年的经济自由状况。

（四）政体项目指数（Polity Project IV Index）

政体项目指数主要用来衡量制度性民主程度和制度性独裁程度。制度性民主程度主要考察人事竞争力、认识开放度、对行政长官的限制以及政治参与的竞争力；制度性独裁程度除了要考察以上几个方面以外，还要考察参与管制方面。

政体项目指数最终由制度性民主程度减去制度性独裁程度，经过标准化处理后得其取值范围为 -10—10。其中得分为 -10— -6 的国家为“独裁国家”，得分为 -10—5 的国家为“无支配国家”，得分为 6—10 的国家为民主国家。最新的整体项目指数涵盖了 164 个国家 1800—2010 年的民主状况数据。

（五）全球腐败指数（Corruption Perception Index）

全球腐败指数主要由非政府性组织透明国际或国际透明组织（Transparency International）定期发布。该组织由世界银行的前任区域主管 Peter Eign 于 1993 年 5 月创立，总部位于德国柏林。目前该组织在世界 70 多个国家设有分部，主要监测并发布国际发展中的企业腐败和政治腐败。1995 年，透明国际发展了腐败印象指数（CPI），该指数根据对商业人士的调查，对一国的腐败状况进行排名。随后，该组织开始每年颁布 CPI 指数和年度全球腐败报告。该指数曾因其所使用的方法不良和对发展中国家的待遇不公而被批评，但也因关注腐败和使政府难堪而受到表扬。1999 年，透明国际又开始颁布行贿指数（BPI），该指数根据一国跨国企业的行贿状况来对国家进行排名。

腐败印象指数（CPI）是世界范围内最为广泛应用的测量一国腐败的指数。为了得到该指数，透明国际进行了大量的调查，询问一国国内和国外的企业商人和分析人士对一国腐败状况的感知。该指数的取值范围为 0—10，分值越高，表示一国的腐败程度越低，廉洁程度越高；分值越低，表示一国的腐败状况越糟糕。在 0—10 的取值范围中又进行了细分，其中 0—2. 5 为极其腐败；2. 5—5 为一般腐败；5—8 为轻微腐败；8—10 为比较廉洁。截至 2012 年底，该指数涵盖了 176 个国家的腐败指标排名。

作为对 CPI 指数的补充，BPI 指数主要采用问卷调查的形式，对跨国企业的高层管理人员进行调查，根据被调查者对问题的答案进行汇总，最终得出每个国家的行贿指数。BPI 的取值范围也是 0—10，分值越低，表示一国企业对政府官员的行贿状况越严重。

（六）法治指数（the Rule of Law Index）

法治指数旨在判断一国的法治状况，并将其进行评估和量化。2008 年和 2009 年在奥地利维也纳先后两次举办了“世界正义论坛”，论坛号召各国共同促进“法治发展”和“公平公义”的早日实现。论坛的主要内容和贡献之一便是提出完善“法治指数”。法治指数主要包括下列四个普适原则：一是政府、官员及代理机构均应受法律约束；二是法律应该是明确的、被广泛宣传的、稳定的和公平的，应该保护包括安全和产权在内人们的根本权利；三是法律制定、执行和被实施的过程应该是易被理解的、有效的和公平的；四是司法职业应该由那些有能力的、有道德的、独立的代表和中立人士承担，这类人员数量上应该充足，资源丰富，且能够代表他们所服务的社区的特征。“法治指数”主要采用“人口抽查”和“访问专家”两种形式对一国的法治状况进行评估。其中，人口抽查每 3 年进行一次，在一国抽取三个城市，对这三个城市的 1000 名人口进行抽样访问调查。而对专家的访问则是每年进行一次，所谓的专家主要包括刑事司法、民商法以及公共健康领域的知名学者或人士。2012—2013 年度的法治指数报告是第三份以年度形式发布的指数，涵盖了 97 个国家和地区。

（七）国际国家风险指数（International Country Risk Guide Index）

国际国家风险指数由政治风险服务集团提供，该公司于 1979 年在美国纽约成立，是一家评定政治风险的专业机构。1992 年政治风险服务公司纳入了曾是其竞争对手的 ICRG，并在此基础上组建了政治风险服务集团。政治风险服务集团是所有政治风险评级机构中唯一能坚持自 1980 年起按月发布其 ICRG 指数的机构。截至 2011 年，该机构所发布的指数涵盖 166 个国家或地区，其发布的风险指数具有较高的权威性。

ICRG 指数使用 22 个变量来考察政治、金融和经济三个方面的内容。其中政治风险主要和偿付意愿有关，而金融风险和经济风险则主要和偿付能力有关。政治风险下设 12 个子项目，主要考察样本国家的政治稳定性、腐败、法治、民主责任和政府质量等方面。取值范围为 0—100 分，数值越高表明政治风险越低。金融风险主要考察样本国家的汇率稳定状况、外债占比、外债服务占比、经常项目占比、国际资本流动比率等 5 个子项目，取值范围为 0—50 分。经济风险需要考察样本国家的人均 GDP、实际 GDP 的增长率、年度通货膨胀率、预算平衡占 GDP 的百分比、经常账户占 GDP 的百分比等 5 个子项目，取值范围为 0—50

分。最后将政治风险、金融风险和经济风险加总再除以2就得到了最终的ICRG指数。依据其数值大小的不同再将其分为5类：0—49.9分为“非常高风险”，50—59.9分为“高风险”，60—69.9分为“中等程度风险”，70—79.9分为“低风险”，80—100分为“非常低风险”。

（八）企业营商环境指标（Doing Business Index）

企业营商环境指标是世界银行为衡量各国小企业运营的客观环境而设计的。主要从各国国内中小型企业的角度出发，对这些企业生命周期各个阶段所适用的监管规则进行衡量。首份《营商环境报告》发布于2002年，该年度报告旨在对国内中小企业进行考察，并对在企业存在周期内所适用的法律、法规和机构的效率和效力进行评估。最新的年度报告是《2012年营商环境报告》，该报告提供有关商业监管和产权保护的量化指标，可以用来对从阿富汗到津巴布韦的183个经济体进行纵向和横向的比较。报告中的数据截至2011年6月。报告涵盖了影响企业生命周期的11个方面的监管规则：开办企业、办理施工许可证、获得电力、登记财产、获得信贷、保护投资者、纳税、跨国贸易、执行合同、解决破产（原来成为关闭企业）和雇佣员工。指标主要用来分析经济成果并找出什么样的商业监管改革是有效的，在什么地方有效和为什么有效。企业营商环境指数排名是所有经济体按其企业经营环境的便利程度排名，排名越靠前，说明该国的政策法规环境越有利于企业经营。

（九）合约密集型货币比率（Contract-Intensive Money）

该指标是由克莱格等人（Christopher Clague，Philip Keefer，Stephen Knack and Mancur Olson）在《契约密集型货币：契约实施、知识产权和经济绩效》一文中构造的一个指标，主要用于测度一国或地区契约实施及产权安排安全性的状况。契约密集型货币比率指的是非现金货币与总货币供给量之比，计算公式为$(M_2-C)/M_2$，其中分子和分母中的M_2代表的是广义的货币供给量，分子中的C代表的是银行以外的现金数额。公式里的分子既包括了支票账户和长期存款，也包括了其他金融权证等，公式里的分母除了包括所有的这些资产之外，还包含了现金资产。一国或地区的$(M_2-C)/M_2$值越大，表示该国或地区的产权确定性程度越高。该值越小，表示该国或地区的产权确定性程度越低。

克莱格等认为，产权和契约的执行制度会影响人们持有资产的形式，在一个没有建立起稳定法律和政策环境的社会里，人们倾向于在交易中大量使用现金，因为现金的使用可以使交易过程更容易被掩盖。人们之所以愿意持有现金，或以持有现金的形式代替金融证券，是因为人们对要么对银行或金融资产的发行者丧失了信心，要么认为政府不具备很好地实施金融监管的能力。如果一个社会能够对产权实施有效的保护，并能保证契约的有效实施和执行，人们不仅会倾向于少量持有现金，还会在交易中更喜欢使用信用卡或支票，避免大量使用现金，因为非现金形式的交易过程更容易被正式地记录，更能有效地防止交易纠纷的产生。由此克莱格等人认为，一国或地区的产权确定性指标可以使用契约密集型货币比率（CIM）来衡量。

二、非正式制度指标的度量

信任指数（Trust Barometer）由总部设于美国芝加哥和纽约的世界上最大的一家提供公关咨询服务的独立公关公司——爱德曼（Edelman）公司调查并发布，该指数是大众对政府、商业、媒体等组织平均信任水平的一种体现。2012年研究公司Strategy One为了得到爱德曼信任指数，对25个国家或地区的3万多名受访者进行了网上调查。受访者被要求为成年人，密切关注新闻时事，受过高等教育且家庭的年收入水平应该在其所在国家的年龄组别中位于前1/4。2012年由1500名符合上述条件的中国受访者参与了此次调查。根据Strategy One的调查，全球信任综合指数由2011年的55%下降到了2012年的51%，但中国却以76%的指数一跃成为当年信任指数最高的国家，紧跟其后的是阿联酋和新加坡两个国家，信任指数分别为68%和67%。在中国所有的行业中，科技、媒体和汽车行业的信任度最高，而食品和饮料行业的信任度最低，为最不受信任的行业。

三、各制度质量指标对比

在确定本项目所使用的制度质量指标之前，有必要对以上10种制度质量指标进行简单的对比和分析（见表3－1）。

表 3－1　　各制度质量指标对比

指标种类	指标名称	衡量对象	关注领域
正式制度质量指标	全球治理指标	衡量各国政府治理水平	政治和法律领域
	经济自由度指数	衡量各国经济自由度的状况	经济领域
	弗雷泽研究机构指数	衡量各国经济自由度状况	经济领域
	政体项目指数	衡量制度性民主程度和制度性独裁程度	政治领域
	全球腐败指数	衡量各国的腐败程度	法律领域
	法治指数	衡量一国的法治水平	法律领域
	国际国家风险指数	评估各国的政治、经济和金融领域的风险	政治、经济领域
	企业营商环境指标	衡量企业经营的外部环境	法律及经济领域
	合约密集型货币比率	衡量各国或地区有效保护产权和合约的水平	法律领域
非正式制度质量指标	信任指数	衡量各国的社会信任程度	政治和经济领域

由于本项目所将使用的制度质量指标主要是涉及经济领域的正式制度质量指标，因此有可能为我们所采用的指标主要有经济自由度指数、弗雷泽研究机构指数、国际国家风险指数以及企业营商环境指数。

企业营商环境指数排名是所有经济体按其企业经营环境的便利程度排名，排名越靠前，说明该国的政策法规环境越有利于企业经营。但是该数据仅有每个国家企业营商环境的总体排名和涵盖了影响企业生命周期的包括跨国贸易在内的 11 个方面的监管规则的排名，缺少具体的制度质量分值，且该指数的时间跨度相对较短，仅有 2002—2011 年 10 年数据。

国际国家风险指数涵盖了的国家或地区范围相对广泛，时间跨度也较长，但该指数的经济风险指数主要包括了样本国家的人均 GDP、实际 GDP 增长率、年度通货膨胀率、预算平衡占 GDP 的百分比、经常账户占 GDP 的百分比等 5 个子项目取值，缺少本书所需要的用来衡量贸易政策制度质量的指数。

由美国传统基金会和《华尔街日报》联合发布的经济自由度指数从贸易自由度、企业运营自由度、政府支出、财政自由度、投资自由度、货币自由度、金融自由度、政府廉洁程度、知识产权以及劳工自由度等 10 个指标来考察一国或地区的经济自由度。其中贸易自由度指数主要包括加权平均关税、非关税壁垒和海关腐败三个子指标，贸易自由度指数是对这三个子指标的综合评价，其分值范围为0—100，分值越高，表明一国的贸易越自由。《华尔街日报》和美国传统基金会从1995年开始发布经济自由度年度数据，到2012年底，该指数涵盖了184个国家和地区的经济自由度指数，时间跨度为1995—2012年，是全球权威的经济自由度评价指标之一。

弗雷泽研究所指数是由非营利性科研教育机构弗雷泽研究所发布的指数，该指数从政府的规模、支出、税收和国有企业，法律结构和财产权的安全性，使用稳健货币的权利，对外贸易的自由度，对信贷、劳动力和商业的管制五个方面指数来衡量经济自由的程度。截至2012年底，该指数涵盖了141个国家的经济自由度指数，时间跨度为1970—2009年。需要说明的是在2000年以前，只有1970年、1975年、1980年、1985年、1990年、1995年、2000年的数据，2000年以后才有每年的年度数据，而且该指数具有滞后性，一般滞后3年。对外贸易的自由度指数包括国际贸易税收、管制性贸易壁垒、贸易部门相对预期规模的实际规模、官方汇率与黑市汇率之间的差别、国际资本市场的管制程度。对外贸易自由度指数是对这五个子指标的综合，其分值范围为1—10，分值越高表明贸易自由化程度越高。

综合比较以上各类质量指标的优劣，我们认为，现有系统指标体系中，经济自由度指数及与贸易自由度有关的子指标，更适合作为本项目分析贸易政策质量的代理指标体系。如，和经济自由度指数相比，弗雷泽研究所指数所涵盖的年度数据跨度相对较短，且涵盖的国家或地区的范围相对较小。该指标数据具有滞后性，截至2012年底，该指标的最新数据仍为2009年的指标数据。

第四章 制度质量视角的贸易政策评价标准

贸易政策，对于任何国家而言都是一个极具争议的话题。这是因为，贸易政策通常要服务于“两个主人”：既要服从国内经济的发展需要，又要保障国家、民族的安全。现实的贸易政策就是在国内外的政治、经济和社会力量的“拉拽”和“挤压”下产生的[①]。传统的贸易理论是建立在确定性经济环境的假设之上的[②]，但是，一个无法回避的事实是，汇率、相对价格、相对税率等的波动是贸易环境的一个显著特征，这对于贸易体制处于深刻变革中的国家而言，尤其是如此。从制度质量角度分析贸易政策，客观上需要从有效性与稳定性两方面综合考虑。

第一节 贸易政策的有效性与稳定性界定

一、贸易政策的有效性界定

根据前面对制度有效性的理解，贸易政策的有效性可以解释为一项贸易政策的制定和执行在多大程度上影响了人们的贸易行为，解决了什么样的贸易问题，在资源配置、经济增长和增加就业、实现合理公平的收入分配方面起了什么样的作用。

---

① Richardson, J. D., U. S. International Trade Policies in a World of Industrial Change, NBER Working Paper, 1983, No. 1228.

② Helpman, E. and A. Razin, Uncertainty and International Trade in the Presence of Stock Market, *Review of Economic Studies*, 1978, Vol. 45, no. 2, pp. 239 – 250.

政府是贸易政策的制定者和供给者，其在制定具体的贸易政策时，主要考虑的是国家经济利益的最大化，如经济增长、福利改进、效率提高、收入分配相对公平等。任何贸易政策的诞生都是各个不同政府部门之间在政治领域相互博弈的结果，由政府、政治家、私人等进行策略互动决定的。作为贸易政策的供给者，政府在协调各种利益集团冲突、实现各方妥协的过程中，起了非常关键的作用。政府制定贸易政策的动机主要包括以下几个方面：（1）获得比较利益。一国的某一部门所生产的产品受到同类进口物品的威胁时，政府对该部门予以保护还是不闻不问，取决于该部门所生产的产品是否拥有比较利益。一国通常会把资源由拥有较小比较利益的部门转向拥有较大比较利益的部门，从而从对外贸易中获得好处。（2）保护产业的成长。扶植和保护对经济增长有重要作用的幼稚产业或新兴产业，对失去优势地位但能解决大量就业问题的夕阳产业加以保护，阻止衰退，缓和摩擦。（3）生产要素的优化配置。贸易政策要有利于生产要素利用效率的提高，实现资源的合理配置。（4）规模经济。扶持一些有发展潜力并能充分发挥本国资源优势的产业，使其获得规模经济利益。（5）公共利益。贸易政策应该以解决公共问题为目标，为公共利益服务，并实现社会福利的最大化，改善国际收支或增加就业，把促进出口、限制进口的贸易政策合法化。

在我们看来，有效的贸易政策需要具备以下几个条件：第一，有效贸易政策的制定和执行能够实现政府的既定目标，所需的资源配置符合政府预期，且交易成本较低。第二，有效的贸易政策应该是具有效益和公平的贸易政策，即某项贸易政策的制定和执行应该能够实现比较利益，促进贸易发展，带来经济增长，实现合理公平的收入分配。第三，有效的贸易政策应该能与生产力水平、文化和意识形态相适应。第四，有效的贸易政策应该与其他政策具有相容性，能与其他政策产生协同效应。

二、贸易政策的稳定性界定

政策的稳定性是“指政策在有效期限内处于一种相对稳定的状态”[①]。应该从两个方面来理解政策的稳定性：第一，政策的有效期限应该在政策条款中

① 丁煌．政策制定的科学性与政策执行的有效性［J］．南京社会科学，2002（1）．

有明确的规定。政府采取各种措施，利用各种资源来维护政策在有效期内的权威性，保障政策在有效期内顺利执行。第二，政策的重大调整或废弃是不被允许的，特殊情况除外。即使因某些特殊原因，政府不得不调整或废除现行政策，也应该补偿相关群体的利益损失，同时维持新旧政策的继承性和连续性。

类似地，贸易政策的稳定性并不是指贸易政策一成不变，而是在一定的规则约束下的相对稳定，是指尽管面临着内外部的压力，现行的贸易政策能够始终保持明确的政策目标，不断地协调政策系统内部的各种关系，始终维持并优化合理的政策结构，不断地适应内外部环境的变化和调整，完成整体贸易政策的正常运转。只有贸易政策具有良好的稳定性，微观个体才会根据自己的理性预期，自觉地在它的限制和约束范围内选择自己的经济和贸易行为。

具有稳定性的贸易政策应该具备几方面的特征：第一，贸易政策的目标要明确、稳定；第二，贸易政策工具的选择与运用应遵循贸易政策的总体目标；第三，贸易政策具有一致性、连续性和可信性；第四，贸易政策能够为经济运行创造一个稳定的贸易环境，能够使微观经济主体——企业和个人形成稳定的贸易预期。

贸易政策的稳定性在一定程度上体现了贸易政策被相关经济行为主体认同和接受的程度。所以从一定意义上来讲，贸易政策的稳定性是贸易政策得以有效执行的前提条件之一。

贸易政策实际上是其政策的需求者——贸易企业、贸易商等相关贸易行为主体与政策的供给者——政府之间的一种合约。这种合约关系意味着政府对相关贸易行为主体就处理某项贸易事务或解决某项贸易问题作出了相应的承诺，同时，也意味着相关贸易行为主体也相信政府作出了如此承诺。在这种合约关系下，贸易政策的需求者不仅承担一定的义务，也享有一定的权利，也就是相关贸易行为主体在接受政府所提供的贸易政策的约束的同时，会根据政策的许可范围和约束范围对自己的贸易行为进行理性预期和理性计算，并不断地调整自己的行为方式以寻求贸易利益的最大化。除此之外，相关贸易行为主体还相信如果政府在贸易政策的有效期内不能遵守自己承诺的话，政府将会对它们进行相应补偿。

第二节 影响贸易政策有效性与稳定性的主要因素

影响贸易政策有效性及稳定性的因素很多，这些因素大致可以分为内部因素与外部因素。内部因素与外部因素既从不同角度又相互作用地影响着贸易政策的有效性及稳定性。

从内部因素看来，大致有以下方面。

一、政策的合理性

任何制度都具有特定的内在规律，制度的合理性标准就是要求制度的内容符合制度的内在规律，要求制度符合事实、符合逻辑、符合规范以及符合目的。政策合理性首先体现为政策形式上的合理性，就是该政策的规则不因时间、地点、对象的变化而变化。其次体现为程序的合理性，这是制度合理性标准的最底限，就是指不考虑内容如何，是否具有公正性、系统性和现实性，也不考虑形式如何，是否逻辑一致，只要它能够保证在一定时间段内实施过程中的前后一致，就是合理的，因为这比反复无常地经常变动政策要好得多。更重要的是，政策合理性应该体现政策的合目的性与合规律性的统一。政策的合目的性就是通过政策的信息传递功能获得反馈，不断把政策调控的现实结果同调控的预期目标进行比较，并通过调节使现实结果与预期目标之间的差距不断缩小而且逐渐趋同。政策的合规律性就是指政策的运行与发挥作用必须合乎自然规律和社会历史规律。从这个意义上来看，某项贸易政策是否有效，可以通过对该项政策在某个时期实施的结果的检验来进行评价。

二、政策的公正性

政策的公正性对政策的执行和政策目标的实现极其重要。美国行为科学家亚当斯于 1965 年提出“公平理论”，侧重于研究工资报酬等分配的合理性、公平性及对人们积极性的影响。政策的公正性主要考察的是，当社会或组织面临诸多的政策选择时，选择什么样的政策才是合适的，才能让所有（或大多数）成员真诚地赞同、接受和遵守。政策必须确保以大多数所涉及的行为主体的共同价值观来对组织内部的行为进行规范，不能有所偏颇，必须确保所涉及的成员的基本权利和利益分配公平合理，并给每个相关行为主体公平竞争的机会，使其能够通过自身的努力减少不平等的差别。这种意义上的公平性主要体现在收入与付出相符合，贡献与报酬相一致，权利与义务相对称，人人都有平等的生存、发展的权利和机会。这里必须认识到现实社会中的不平等是客观存在的，而公正性的制度就必须把这种不平等限定在一定的范围内。强调政策的公平性，就要防止在政策形成和执行过程中产生行政机关和执行机关通过其权利谋取部门利益、形成行政垄断和行政独断等现象。一般而言，制度的有效性与制度的公平性成正相关关系。任何制度都不可能赢得其规范范围内每个行为主体的一致认可，潜在的反抗力量势必存在。但是某种政策获得的赞同程度愈高，其公正性就愈强，可以降低制度的交易成本，因而也就愈加有效且稳定。

三、政策的适用性

政策的适用性不是指政策的任意性或多变性，而是建立在政策稳定性基础上的自我调适性，是指在面临瞬息千变万化的环境时能够灵活地加以处理的弹性能力。政策的适用性是建立在稳定性基础上的，政策形式上的适用可以为政策实质上的稳定提供保障。政策有效性的发挥也依赖于政策的适用性，一般而言，二者之间呈正相关关系：政策的适用性越强，表明政策对外界环境变化的自我调适能力也就越强，政策的有效性就越能得到发挥。

四、政策的调控力度

政策的调控力度主要指政策的作用强度或者影响强度。考察政策力度是否得当，主要考察在此基础上政策目标能否按预定要求得以实现，以及所带来的影响是正面的还是负面的。力度过猛和不足都会使政策结果与其预期目标不一致：力度过小，不能解决问题；力度过大，可能会产生负效应。

五、政策的协同性

任何一项具体制度都是在特定的领域中发挥主要作用，同时也对其他领域产生影响，因此一项制度的正常实施需要有其他制度的支持。“只有相互一致和相互支持的制度安排才是富有生命力和可维系的。否则，精心设计的制度很有可能高度不稳定。”① 也就是说，任何一项政策在可使用的时空范围内，不得与其他政策相抵触、相矛盾，否则就有可能造成各项政策的功能紊乱，导致整个政策系统的崩溃和瓦解。政策的协同性包括同一政策内部各政策要素之间的协调（主要是政策目标和手段之间的配合及各种经济手段的协调配合），也包括该政策与其他相关政策之间的协调，即各种相关政策目标的协调、政策手段的协调，以及政策主管部门之间的协调配合等。在这种意义上，评价一项政策的优劣，必须把它放到相关政策体系中进行。协同性越好的政策就越稳定、越有效。

六、政策的执行方式

政策的执行方式是另一种影响政策有效性和稳定性的因素。虽然一种政策存在着多种执行方式，但一般而言，与该政策的本质要求最相符的执行方式只有一种。那么，如果该项政策没有采用这种与其本质最相符的执行方式，则有效性与稳定性就不能得到最大的发挥。

从外部因素看来，主要有下列因素。

（一）生产力水平

制度变迁和生产力发展是一个相互影响的动态过程。任何贸易政策的制定和执行都会受到同时期的生产力水平的影响。经济政策的制定从某种意义上讲是一种生产关系的调整，只有适应生产力水平的生产关系的调整才会对生产力的发展起着积极的推动作用；只有适应生产力水平的贸易政策，其有效性和稳定性才会得到更好的发挥和维持。

---

① 青木昌彦. 比较制度分析［M］. 上海：上海远东出版社，2001：19.

（二）国内外经济环境

贸易政策的有效性与稳定性是相对的而非绝对的，是具体的而非抽象的，是暂时的而非永恒的。贸易政策稳定性的维持和有效性的发挥需要与一定的经济环境相适应，即需要适应一国的经济发展水平、基本的经济制度、国家的经济政策、该国与他国的经济往来和经济联系等。特定的贸易政策与经济环境构成特定的贸易经济生态。在这种贸易经济生态中，贸易政策只有与经济环境相适应才能发挥有效性、维持稳定性。

（三）国内的社会环境

社会环境主要是政治、法律、文化、科技和教育等方面的环境。贸易政策有效性的发挥和稳定性的维持也会受到国内社会环境的影响。首先，贸易政策要受到所处的政治环境的影响。贸易政策稳定性的发挥需要稳定的证据提供保障，如果一国的政局不稳，政府领导人频频更换，那么该国的贸易政策的有效性与稳定性都会受到影响。其次，一国的贸易活动必然受到法律的约束，贸易政策应该与国家的主要经济法律、法规相适应。最后，一国的文化教育因素一方面会通过影响政策制定者和执行者的能力对贸易政策产生影响，另一方面也会通过影响政策对象对政策的接受、领悟和认同能力而对政策产生影响。

第三节　贸易政策的制度质量评价标准

对贸易政策的制度质量进行评价实际上是根据一定的标准对贸易政策的制度质量进行衡量、检查、评价和估计的分析活动，是一种价值判断，而要进行这种价值判断就需要有一定的评价标准。作为显示政策表现状况的指标或信号，评价标准能对政策的质量加以衡量。

一、贸易政策有效性的评价标准

（一）贸易政策结果评价

第一，对贸易政策的直接结果进行评价。一项贸易政策的直接结果是指，相对于该项贸易政策所期望的目标而言，其制定和实施所达到的效果如何，是与特定的贸易政策手段和贸易政策目标直接对应的。要评价一项贸易政策的直接结果，首先应该明确该项贸易政策的目标和对象，明确该项政策主体所要解决的贸易问题。一项贸易政策对其目标产生了积极的影响，则认为该项贸易政策具有正效应。具体到一项贸易政策的有效程度，要看该项贸易政策的目标实现程度：针对数量化指标的贸易政策目标，可以将实现的实际值和预期目标值相对比，针对定性的贸易政策目标，可以主要从贸易政策的实施对经济、社会、科技、环境等方面的影响来考察。例如，以鼓励出口创汇为目标的出口退税政策，既可以将实现的具体增加的出口创汇和预期的目标出口创汇值相对比来评价该项政策的有效性，同时也可以结合出口退税给我国经济增长、创造就业机会、能源消耗等方面带来的影响来考察有效性。

第二，对实施贸易政策的附带结果进行评价。贸易政策的附带结果是指作为一项处于经济运行框架之中的贸易政策，不仅会对特定目标产生作用，还会波及与贸易相关的领域甚至整个社会，即某一特定的贸易政策对经贸系统其他方面的影响。例如，对某一地区设置出口保税区，可能会保持并增强该地区外贸方面的人才优势。通过对一项贸易政策附带结果进行评价，有助于更好地理解和测定该项政策的整体有效性。

第三，对实施贸易政策的潜在结果的评价。有些贸易政策能够在较短的时间内产生效应，如关税政策、出口退税政策等能很快地改善当前的状况，但有些贸易政策（如产业损害调查方面的规则）其效应的产生却需要较长的时间。但这两类政策都具有潜在的影响，虽然这种潜在的结果不像直接结果和附带结果那么容易测定，但其潜在的影响可能是巨大的，因此也不能被忽视。

（二）对贸易政策的成本进行评价

贸易政策的成本有狭义和广义之分。狭义的贸易政策成本指的是政策的决策费用和执行费用。

1. 决策费用

贸易政策的制定是国内最高决策者之间、决策者与相关贸易行为主体之间、各国政府部门之间相互博弈的过程。因此贸易政策的决策成本不仅包括政府为制定政策所付出的人力、物力、财力，所耗费的时间和技术资源，还包括政府为调停、平衡各方需要所付出的大量的时间和精力。正是由于一项贸易政策的制定要考虑各种集团的利益，给政府的经济管理提供并增加了“寻租”的机会，政府作出正确决策的难度不断增加，导致贸易政策的决策成本增加。

2. 执行费用

贸易政策的执行成本是指在贸易政策执行过程中所消耗的各项资源，即政府和社会代价的付出。包括政策执行的直接投入，以及政策执行部门在实施中因宣传、解释、监控，乃至成立专门机构、配备专门人员所消耗的资源①。

广义角度的贸易政策成本指的是贸易政策的制定和实施给宏观经济运行带来的风险和损失。主要包括以下三种损失：（1）因贸易政策的失误而造成的资源利用率和配置效率低下所带来的损失。（2）人为制定的贸易政策对市场的调节代替了市场“看不见的手”的调节而可能造成的资源配置效率损失。国内产业要求本国政府使用贸易政策对商品的进出口进行干预和调节，以维护自身的竞争优势。对市场的人为干预和调节有可能扭曲国内的供给，提升国内市场价格，增加消费者的支出，减少消费者剩余，最终影响社会整体福利水平。（3）贸易政策的制定和实施有可能造成的贸易体制改革成本的增加。新的贸易政策的制度和实施会带来新旧政策的衔接成本和摩擦损失。

（三）对贸易政策的效益进行评价

贸易政策效益衡量的是一项贸易政策要达到某种水平的产出所需的资源投入量或一定量的政策投入所达到的价值。将贸易政策的收益与贸易政策的成本进行比较，可以反映出政策效率的高低。在界定贸易政策的收益和成本时，既要注意到可数量化的收益和成本，也要注意到数量化有困难的收益和成本；既要注意到直接的收益和成本，也要注意到间接的收益和成本；既要注意到显在的收益和成本，又要注意到隐形的收益和成本；既要注意到短期的收益和成本，又要注意到长期的收益和成本。由于贸易政策的成本和收益在计算上存在一定的难度，因此实际中很难准确地计算出贸易政策的效益指标。有时可以用贸易政策目标实际值与目标值之比来粗略地反映贸易政策的效应。

二、贸易政策稳定性的评价标准

（一）对贸易政策的波动进行评价

贸易政策的波动指的是贸易政策在面临外界变化时的一种弹性调节，是贸

① 袁国敏. 经济政策评价［M］. 北京：中国经济出版社，2002：120.

易政策的自我调适，大的贸易政策方向不发生变化，而仅仅是政策内部要素的调整。政策波动会增加交易成本，阻碍资源的合理分配和经济增长。投资者不喜欢政策波动，因为这将带来收入上的不稳定。然而，当新政策改革实施时，一定程度的波动性是不可避免的。贸易政策的波动性大小可以通过测量政策的标准偏差来衡量（Aizenman 和 Marion，1995）。

（二）对政府的贸易政策承诺进行评价

政策承诺主要指宣布一项政策后政府对该项政策的维持能力。政府通过不同程度的承诺来支持贸易改革，而这些承诺表明它们愿意且有能力进行这项改革①（Borja，2005）。一国政府对贸易政策的承诺程度体现了该国贸易政策的稳定程度，也表明了贸易改革的可信度。影响政府承诺的因素有很多，如国内危机、外来的冲击、可能会迫使政府当局改变新执行政策的利益集团的力量、政府收入对旧政策的依赖性。贸易改革往往会引发支持改革人群和反对改革人群之间的斗争。如果反对者胜利，改革将会被颠覆②（Fernandez 和 Rodrik，1998）。

在短期内贸易政策被逆转，表明政府对贸易政策的承诺较弱。根据贸易政策被逆转的程度，可以将贸易改革的国家分为贸易自由化维持型、贸易自由化部分维持型、瓦解的自由化型。维持型国家保持了贸易政策没有被逆转，部分维持型国家贸易政策有部分逆转但是总的贸易体制仍保持自由化，而那些自由化瓦解的国家，贸易政策的逆转使得贸易政策又回到了改革前的状态（Papageorgious，Michaely and Choksi，1991）。使用这种方法对政府的承诺进行评价具有一定的主观性，很大程度上是基于国内专家的判断。通过观察讨论值的一阶差分来评价政府的政策承诺，观测值的一阶差分如果落在了一个标准偏差带之外，随后的观测值穿过零偏差线，则表明贸易政策的方向发生了变化（Borja，2005）。

贸易政策波动性较大的国家，政府对贸易政策的承诺不一定就弱，如韩国从 1962 年开始自由贸易化改革，尽管贸易政策呈现出很大的波动性，但贸易政策的逆转较少，体现了韩国政府对贸易政策的较强承诺。和韩国相比，秘鲁则呈现出了较多的政策逆转（Dent，2000）。

---

① Borja，K.，Trade Policy Instability Index：*The Effect of Trade Policy Instability on Economic Growth*. ProQuest Dissertations and Theses：2005.

② Fernandez，R.，and Rodrik，D. Resistance to Reform：Status quo bias in the presence of individual-specific uncertainty，*The Political Economy of Reform*，MIT Press，1998，p345.

（三）对贸易政策的一致性进行评价

政策的一致性指的是不同的政策之间的一致性。贸易政策的一致性既包括贸易政策和其他的宏观经济政策如货币政策和财政政策之间的一致性，也包括贸易政策内部的一致性。复杂的外部压力和政策安排可能会带来某些政策约束，与新的贸易战略或政府目标相抵触。例如，如果公共预算承诺缺乏可信性，那么旨在减少通货膨胀的货币政策将变得不可行；如果当权者通过降低关税税率以减少扭曲，但他们却保留着官方汇率和真实汇率的偏离，企业机构将意识到政策的不一致性，进而会带来不稳定性，导致降低关税的努力付之东流。简言之，经济机构能够意识到政策之间的不一致性，这就迫使政府在放弃旧的经济政策以适应新的贸易战略和新贸易政策最终发生逆转两者之间作出选择。无论是哪一种情况，都应该观测到政策的变化，预料到政策的不稳定。

对贸易政策一致性的评价可以通过理性预期模型、宏观经济动态有效模型或市场进入模型进行（Von Hagen and Lutz，1996），也可以通过案例分析或通过会见关键的政府官员以考察他们对政策不一致性方面的观点。

第五章　贸易政策的制度质量国家（地区）间比较研究

第一节　发达国家的贸易政策

一、发达国家的自由贸易政策

自由贸易政策是相对的，是在历史上的某些阶段，一些国家对国际贸易所持有的一种开明的态度。在现实世界中，完全的自由贸易只是一种理想，几乎是难以实现的。

（一）早期的自由贸易政策

英国是最早实行自由贸易政策的发达国家。1846 年《谷物法》的废除标志着英国率先实行了自由贸易政策。英国认为本国在工业制成品的生产方面具有比较优势，在农产品和工业原材料方面具有劣势，因此自由贸易有利于本国工业品的出口和棉花及谷物的进口。早期的自由贸易政策给英国带来了明显的经济利益。有学者研究表明：在英国，与对外贸易有关部门的增长率高于英国经济的增长率，更高于与贸易无关部门的经济增长率。他们得出了“对外贸易是英国经济增长的发动机”的结论。

（二）战后的贸易自由化

第二次世界大战后，美国超过了英国，在世界经济中占据了绝对优势地位。为了营造一个有利于各国经济恢复和发展的环境，在美国的带动下，发达国家逐步削减各国的贸易障碍，通过双边和多边谈判相互降低进口商品的关税水平，实行贸易自由化的政策，为国与国之间的相互贸易提供了便利。经过各国的共同努力，发达国家的平均进口关税水平由第二次世界大战后初期的40%左右，降到目前平均3%左右。

战后发达国家的贸易自由化政策为发达国家之间的贸易提供了便利，发达国家对发展中国家也开始实行某种程度的贸易便利，如普惠制待遇便是发达国家给予发展中国家出口制成品和半制成品（包括某些初级产品）普遍的、非歧视的、非互惠的关税优惠制度。减、免关税产生的差额，使受惠国出口商品的价格具有更大的竞争能力，吸引进口商购买更多的受惠产品，从而扩大受惠国制成品和半制成品的出口，增加外汇收入，促进工业化。也应该注意到，发达国家之所以这么慷慨地对发展中国家提供贸易便利，是因为发展中国家在主要工业品的生产上很难与发达国家进行竞争。

二、发达国家的贸易保护政策

发达国家的贸易保护政策包括发达国家早期的贸易保护、发达国家的新贸易保护和战略性贸易政策三种情况。

（一）发达国家早期的贸易保护

发达国家的贸易保护政策最早可以追溯到这些国家的经济发展时期。美国在建国初期，其第一任财政部长亚历山大·汉密尔顿就提出了《制造业报告》，坚决主张实行保护贸易政策，主要通过高关税壁垒进行贸易保护。1789年通过美国第一个关税法案，1816年、1824年、1828年、1832年又分别颁布了关税法案，一再提高关税率。1861年制定关税保护法，又称《莫里尔关税法》。1807年通过《禁运法》，禁止美船离开国境驶往外国港口从事国外贸易。这一规定，迫使以往靠外国输入的商品，必须由本国自己制造了，国内工业因此获得蓬勃发展。1930年，美国的平均关税水平仍高达53.2%，直到1934年美国制定了《互惠贸易法》，贸易保护政策才暂告一段落。

在欧洲，受英国廉价工业品的冲击，法国、德国等国家也相继采取了贸易保护政策。发达国家传统的贸易保护大多数情况下是一种临时性的政策措施。如当西方国家发生经济衰退时，各国为了保护本国市场免受外部冲击，会纷纷采取贸易保护政策，然而这种“以邻为壑”的政策往往会导致贸易战的爆发。

（二）新贸易保护政策

第二次世界大战后，国际贸易逐步向自由化发展，发达国家总的贸易趋势是推行自由贸易，但受凯恩斯“有效需求理论”的影响，各发达国家从自身利益出发，采取了新的贸易保护主义。有效需求理论认为：一国国民收入水平的稳定和提高，有赖于出口需求的增加和进口需求的减少。因此，各发达国家为了实现“国民生产总值的稳定增长和充分就业”目标，在原有的传统贸易保护政策下，开始实行新的“管理贸易政策”。然而，面临国际贸易自由化发展的背景，各国改变了以往干预贸易的手段和政策，开始了由“关税壁垒”向“非关税贸易壁垒”的过渡，非关税壁垒逐渐取代了关税壁垒，成为各国干预外贸、限制商品进口的主要政策措施。

（三）发达国家的战略性贸易政策

战略性贸易政策是20世纪80年代由布兰德（J. A. Brander）、斯潘塞（B. J. Spencer）、克鲁格曼（P. R. Krugman）等人发展起来的一种新的贸易政策理论。所谓战略性贸易政策，是指在“不完全竞争”市场中，政府积极运用补贴或出品鼓励等措施对那些被认为存在着规模经济、外部经济或某些“租”（某种要素所得到的高于该要素用于其他用途所获得的收益）的产业予以扶持，扩大本国厂商在国际市场上所占的市场份额，把超额利润从外国厂商转移给本国厂商，以增加本国经济福利和加强在有外国竞争对手的国际市场上的战略地位。该理论以不完全竞争和规模经济理论为前提，以产业组织中的市场结构理论和企业竞争理论为分析框架，突破了以比较优势为基础的自由贸易学说，强调了政府适度干预贸易对于本国企业和产业发展的作用。

实行战略性贸易政策的典型国家是日本和美国。日本是最早实行战略性贸易政策的国家，早在20世纪50年代，日本就开始了战略性贸易政策的应用和实践。日本因封闭市场和鼓励本国出口一直备受西方国家的指责。第二次世界大战后初期到20世纪70年代初期，日本把“贸易立国”作为基本国策，将经济复兴和赶超欧美国家作为目标，充分发挥在人力资源方面的优势，对在经济发展中所需要的原材料、能源产品和技术产品的进口给予优惠，大力发展本国的加工贸易，出口工业制成品。随着全球性经济滞胀和石油危机的出现，日本的“贸易立国”方针受到了挑战，日本逐步实行自由贸易政策，目的是在缓和贸易摩擦的同时，提高国内相关产业的国际竞争力。与此同时，日本提出了“技术立国”的方针，一方面强调引进、消化和吸收国外的先进技术，另一方面强调自身的技术研究和技术创新的力度。20世纪80年代末90年代初，日本又把“增强高科技领域的竞争力”作为新目标。战略性贸易政策鼓励了日本的汽车工业、半导体工业以及通讯电器业的发展，使这些行业的技术水平处于国际领先地位，不但减少了进口，还占领了欧美等国一些传统出口市场。

和日本相比，美国的战略性贸易政策相对较晚，始于20世纪80年代中期，并在20世纪90年代克林顿执政时期全面推行。美国于1994年专门提出了“国家贸易战略”，该方案提出在未来的一段时间内，对美国的传统市场和新兴市场分别采取不同的出口战略。为保护国内市场，美国一方面以所谓“公平贸易”的名义迫使他国开放市场，另一方面又以“反补贴”“反倾销”为理由，限制他国商品进入美国市场。一旦认定他国实施“非公平贸易”，就竭力进行单方面制裁。在世贸组织多边贸易谈判中，美国极力提倡将其具有竞争优势的高科技产业和服务产业纳入谈判议程，为进入他国国内市场寻求渠道。虽然这些贸易保护政策受到他国的指责，但美国的战略性贸易政策取得了明显的效果，其出口因这些政策而有了大幅的增加。

（四）发达国家贸易保护政策新趋势

在贸易自由化迅速发展为背景的后危机时代，发达国家的贸易保护不仅没有销声匿迹，反而有愈演愈烈的趋势。和早期的贸易保护政策不同，后危机时代的发达国家的贸易保护政策出现了新的发展趋势。

1. 贸易保护的目的有所改变

传统贸易保护多是保护国内的幼稚产业，然而随着金融危机的不断发展和蔓延，各国的经济增长速度受到严重影响，失业率剧增，因此后危机时代发达国家贸易保护的目的主要是尽快地摆脱经济危机，增加就业，维持国际收支平衡。

2. 贸易保护所采取的手段受WTO规则的限制更少

发达国家在后危机时代采用了进口限制、货币贬值、补贴等多种手段来保护本国产业。虽然WTO规则强调贸易保护主义的弊端，约束贸易保护主义的蔓延，但发达国家在后危机时代所采用的这些贸易保护手段使WTO约束贸易保护主义的作用受到了很大的限制。

发达国家在经济危机时期为了增加就业、维持国际收支平衡，出台了很多诸如降息、减税、扩大出口、减少进口之类的政策，对于这些政策可能带来的不公平竞争，WTO常常是呼吁各国进行抵制，对实施国进行警告。如果相应的成员国没有提出诉求，对实施国将起不到惩罚作用。如果所实施的反倾销、反补贴和特殊保障措施没有违背WTO相关原则，即使这些措施引发世界性贸易保护大战，WTO 也无能为力。

3. “碳关税”为代表的贸易壁垒凸显

生态环境、汇率和知识产权问题已经成为后危机时代的贸易保护政策工具，新的贸易摩擦点逐渐转向了国际环境和温室气体减排。发达国家“以环境保护为名，行贸易保护之实”。碳关税是指对高耗能产品进口征收特别的二氧化碳排放关税。此概念最早由法国前总统希拉克提出，用意是希望欧盟国家针对未遵守《京都协定书》的国家课征商品进口税，否则在欧盟碳排放交易机制运行后，欧盟国家所生产的商品将遭受不公平之竞争，特别是境内的钢铁业及高耗能产业。随后美国、日本都提出对高排放国家征收“碳关税”。“碳关税”措施一旦被 WTO 通过，发达国家则成为最大的受益者。

第二节　发展中国家的贸易政策

20 世纪的五六十年代，许多经济比较落后的国家在政治上取得了独立。这些国家逐渐意识到只有在经济上取得独立才能真正实现政治上的独立，而国际贸易是一国发展经济的重要推动力之一。发展中国家参与国际贸易，不但可以获得比较利益、规模经济方面的利益，还可以从贸易和由贸易引起的投资中获得本国生产技术水平提高的利益。因此，对发展中国家来说，选择适当的贸易政策对经济发展的成功有着至关重要的作用。

发展中国家借鉴他国的成功经验，结合自身的具体情况，制定对外贸易政策，随着经济水平的发展不断对贸易政策进行调整。发展中国家的贸易发展战略主要分为以下两种：进口替代战略和出口导向战略。

一、进口替代战略

进口替代战略是指一国采取各种措施，限制某些外国工业品进口，促进国内有关工业品的生产，逐渐在国内市场上以本国产品替代进口品，为本国工业发展创造有利条件，实现工业化，又称进口替代工业化战略，是内向型经济发展战略的产物。进口替代战略的核心工具是“贸易保护”，体现在具体贸易政策上便是关税壁垒和非关税壁垒的混合使用，同时配以汇率高估和外汇管制政策。

进口替代是由来自发展中国家的经济学家普雷维什和辛格在20世纪五六十年代提出的。阿根廷经济学家普雷维什认为传统的比较优势理论对发展中国家不具有适用性，基于比较优势的贸易利益更多地体现了静态利益，而非规模经济等动态利益，所以比较优势理论对发展中国家的贸易和经济发展的作用有限，甚至有可能带来“悲惨增长”的不利后果。随后，普雷维什又进一步提出了“中心外围论”，认为经济发达国家处于“中心”地位，而发展中国家处于“外围”地位，“外围国家”在经济上附属于“中心国家”，为中心国家的经济增长服务。中心国家通过不等价交换，在某种意义上剥削了外围国家，使外围国家难以发展。因此，普雷维什指出，当前的国际分工体系是不合理的，发展中国家应该尽早地摆脱这种分工体系，独立自主地去发展本国经济。

某些发展中国家存在着二元经济结构，即在一个发展中国家内，现代化的工业和技术落后的传统农业同时并存的经济结构（传统经济与现代经济并存）。存在二元经济结构的发展中国家的企业家为了独占本国国内市场，排除来自发达国家的激烈竞争，需要政府的保护。同时整体经济发展水平的落后也需要本国的工业部门来带动整个国民经济的快速发展。

进口替代工业化主要包括两个阶段：第一个阶段，发展中国家用国内生产的非耐用消费品代替进口的同类产品；第二个阶段，发展中国家用国内生产的耐用消费品、重工业产品和化工产品代替进口品。对发展中国家而言，由于纺织品、服装、鞋类等非耐用消费品可以进行小规模生产，所需要的资金远远小于重工业发展所需要的资金，而且其技术含量不高，对劳动力的素质要求也低，因此很容易进入第一个阶段。但第二个阶段的进入需要发展中国家具有一定的工业基础，因为耐用消费品、重工业产品和化工产品的生产不仅需要大量的资金，而且需要先进的技术和较高的工人素质。

进口替代战略的成效问题在学术界颇有争议。阿根廷、巴西、墨西哥、印度以及韩国都曾采取过进口替代战略。进口替代战略给这些国家的发展起了非常积极的作用，如巴西通过实行这一战略发展了汽车装配和制造业、钢铁工业和飞机制造业，印度也通过该战略使本国重工业获得了较大的发展。然而，进口替代战略的实施不但给发展中国家带来一系列的问题，也带来了进一步发展的困难。首先，进口替代战略对国内产业实施了高保护，由于缺少外来的竞争，国内企业的竞争意识不足，生产成本居高不下，当受到外部冲击时，本能的反应是向政府寻求保护，进而形成了一个恶性循环。其次，进口替代战略的实施加重了发展中国家的外汇短缺问题，使得这些国家在20世纪70年代都出现了不同程度的债务危机。最后，进口替代战略以本国产品替代进口品，具有自给自足的倾向，违背了比较利益原则。通过政府的干预，将资源硬性地转向本国不具有比较优势的部门或产业，不利于借助他国的资源和技术优势发展本国的经济。

二、出口导向战略

出口导向（Export－led）战略是指国家采取种种措施促进面向出口的工业部门的发展，以非传统的出口产品来代替传统的初级产品的出口，扩大对外贸易，使出口产品多样化，以推动工业和整个经济的发展。

比较优势理论认为，即使一国不具有生产某种产品的绝对优势，也总有某种比较优势。发展中国家通常具有廉价劳动力的比较优势，因此，发展中国家可以生产并出口劳动密集型产品，以获取经济发展的资金。出口导向战略着眼于出口对经济发展的积极作用，通过对初级产品的深加工，然后组织产品出口，以代替原先的初级产品的出口。

选择出口导向战略的国家或地区一般具有以下三个特点：一是这些国家或地区的内部市场比较狭小；二是这些国家或地区具有廉价劳动力的优势；三是这些国家或地区的国内自然资源比较稀缺，需要依靠进口才能生产制成品。总之，如果不实行对外开放，将自已封闭起来，这些国家因其国内市场狭小和资源短缺，很难使本国工业达到规模经济水平。因而对这些国家而言，只有对外开放才能发展本国经济，实现本国的工业化。由于出口导向战略需要外部市场，原材料和产品的大进大出需要有相对稳定和便利的市场环境作保障。具体到贸易政策，一方面主要表现为这些国家或地区的进口关税比较低，非关税壁垒的使用也较少；另一方面主要表现为这些国家或地区广泛使用出口补贴、货币贬值等促进出口的措施，鼓励本国出口的发展。

出口导向战略对发展中国家经济发展的积极作用是多方面的。首先，劳动密集型产品的出口有助于发挥发展中国家的劳动力资源优势，提高资源配置的经济效率；其次，出口导向会产生产业与产业之间的关联效应，进而有助于带动发展中国家整个国民经济的发展；再次，劳动密集型产业的发展可以避免在工业化初期投入大量的资金，进而有助于发展中国家在资金不充足的情况下，逐步实现工业化；最后，劳动密集型产业的发展还可以为发展中国家创造比较多的就业机会，从而提高发展中国家的人均收入水平，进而提高国民的消费水平，居民消费水平的提高又促进了耐用消费品的发展，从而有助于发展中国家工业部门经济规模的适度扩大。

从总的情况看，出口导向战略给发展中国家带来了经济上的成功。如韩国、新加坡、中国香港和中国台湾都是通过成功实施出口导向战略的国家和地区。现在许多其他发展中国家也开始仿效出口导向战略。

然而，出口导向战略也并非十全十美。出口导向战略的成功与否严重依赖于外部环境：首先，如果经济发达国家对进口产品的需求波动频繁，发展中国家的出口就会受到冲击，给这些国家经济的持续发展带来不利影响；其次，如果发达国家实施贸易保护措施，那么实施出口导向战略的发展中国家的“借助国外市场发展本国经济”的渠道就可能被切断；最后，在市场规模一定的情况下，如果发展中国家出口的产品相同，那么激烈竞争就不可避免，两败俱伤的局面就有可能出现。

三、发展中国家的贸易自由化

发展中国家贸易自由化序幕的拉开是在20世纪80年代。一些国家出口导向战略的成功和世界银行等国际经济组织的大力推荐，世界上大多数国家开始放弃进口替代战略，实行更加开放的贸易政策。

世界银行认为，一个发展中国家需要做好三个方面的工作才有可能从贸易保护走向贸易自由化：首先，要取消商品进口的数量限制，以关税作为贸易保护的唯一手段。其次，改革关税制度，包括降低进口关税的总水平和缩小不同商品之间的关税税率的差异。最后，通过货币贬值来促进出口的增加。随着发展中国家国内市场的逐步开放，大量的商品流入将不可避免。大量的进口会冲击发展中国家的国内企业，导致失业人数剧增，也会导致进口国需要支付进口的资金剧增。所以，如果没有出口的增加，进口国会入不敷出从而限制进口，其结果是失去了贸易自由化的连续性。因此，贸易自由化的顺利、持久实施必须建立在扩大出口的基础上，配合鼓励出口、限制进口的政策措施，以减缓自由化带来的冲击，而本国货币对外贬值是最简便的政策措施之一。

第三节　制度质量框架下贸易政策的国家（地区）比较实证分析

减少不确定性和提供有效的激励这两个作用是高制度质量的贸易政策所必需具备的。高的确定性意味着低的交易成本，在这样的环境下，人们会更愿意从事经济活动。因为人们认为如果机会主义或欺骗行为发生，那么机会主义者或欺骗者会就受到惩罚，因此发生背信弃义行为的概率就会大大降低。高的制度质量通过向政治和经济行为人的诚实行为提供激励，可以确保经济活动的结果更有预见性，进而对生产性行为而不是非生产性行为提供激励，所以高质量的贸易政策是贸易促进型的。要提高贸易政策的制度质量，一国必须经历一系列的贸易政策改革和由此产生的一段时期的政策不稳定。政策变革本身和因而产生的政策不稳定性在理论上对贸易发展和经济增长的影响是不确定的。对长期经济增长有利的制度变迁，在短期内可能会因为制度的不稳定性产生阻碍经济增长的转型成本。制度变迁反映的也可能是对不断变化环境的最佳调整，在这种情况下，制度的稳定性便与制度僵化和低增长相联系。

已有的研究对贸易政策稳定性和贸易发展之间的关系关注甚少。一部分学者对制度变迁和制度不稳定与经济增长之间的关系进行了考察，得出了不同的结论：因为制度变迁和制度的不稳定性会增加交易的不确定性。如果制度变迁带来了制度质量的降低，人们便会对制度变迁和经济增长之间产生负向关系的预期。即使制度的不稳定性是由制度的改进引起的，也会带来短期成本，因为制度创新声誉的建立需要一定的时间，而在这段时间内，成本曲线呈 J 型（Niclas, et al. 2009）。Pitlik（2002）研究也发现易变的自由化政策阻碍经济增长，即使这一政策在长期中是以市场为导向的。

本节将在借鉴前人经验的基础上，从制度质量视角对发达国家（地区）和发展中国家（地区）的贸易政策进行比较。

一、贸易政策有效性的国家（地区）比较分析

（一）变量说明和数据来源

1. 贸易政策的制度质量——制度有效性 INSTI

通过第三章对各制度质量指标的简单比较，我们拟采用经济自由度指数中的贸易自由度子指标作为贸易政策制度质量的代理指标。

经济自由度指数是由《华尔街日报》和美国传统基金会发布的年度报告，2012 年涵盖全球 184 个国家和地区，是全球权威的经济自由度评价指标之一。经济自由度指数从企业运营自由度、贸易自由度、财政自由度、政府支出、货币自由度、投资自由度、金融自由度、知识产权、政府廉洁度、劳工自由度等 10 个指标来考察一国或地区的经济自由度。每一个指标最高为 100 分，最低为 1 分。在一个指标上分数越高，政府对经济的干涉水平越高，因此经济自由度越低。根据各个指标累加后的平均值可以计算出总体系数。美国传统基金会的观点是，具有较多经济自由度的国家和地区与那些较少经济自由度的国家和地区相比，会拥有较高的长期经济增长速度并且更繁荣。截至 2012 年底，该指数涵盖 1995—2012 年的数据。

贸易自由度指数是贸易政策的衡量，其中包括加权平均关税、非关税壁垒和海关腐败三个子指标。贸易自由度指数是对这三个子指标的综合评价，其分值范围为 0—100，分值越高，表明一国的贸易越自由。

对世界各国的贸易政策有效性 INSTI 和对外贸易量 LNTRADE 做散点图（见图 5 - 1）可以发现，两者之间成正相关关系，较高的 INSTI 值对应着较高的 LNTRADE 值。我们预期贸易政策有效性 INSTI 在模型中（发达国家和地区样本组与发展中国家和地区样本组）的系数为正。

2. 控制变量

（1）一国的经济发展水平（GDP）。Frankel 和 Romer（1999）认为，如果一国的经济增长强劲，那么它的对外贸易也会迅速扩张。因此我们使用一国的 GDP 水平作为其中的一个控制变量。在实际应用中，我们对 GDP 数值取对数，即使用 LNGDP 作为控制变量，系数符号预期为正。

（2）该国是否被陆地包围（LAND）。我们认为四周被陆地包围的国家，对外贸易的运输成本相对较高，进而会给该国的对外贸易造成不利的影响。这一

控制变量为虚拟变量，即如果该国被陆地包围则取值为1，否则取值为0。

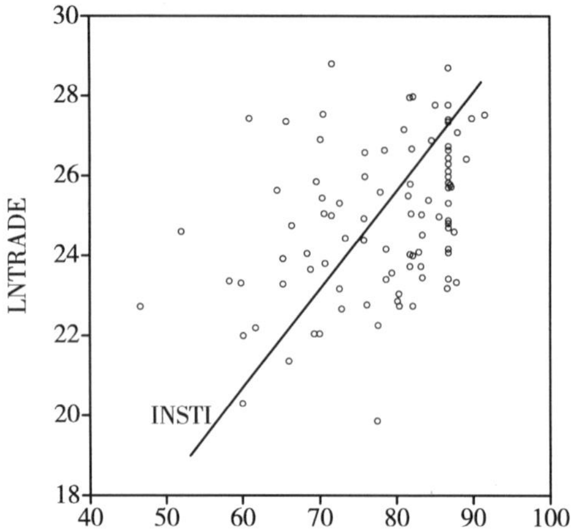

图5-1　贸易政策有效性与贸易发展（对数值）散点图

（3）该国的官方语言是否为英语（ENGLISH）。除了上述控制变量外，我们还认为语言也会影响一国的对外贸易。由于英语正在被越来越多的国家学习和接受，因此如果一国的母语或者官方语言为英语，则会减少国际贸易中沟通的障碍，减少沟通的成本，进而促进贸易的发展。这一控制变量为虚拟变量，即如果该国的官方语言为英语，则取值为1，否则取值为0。

3. 样本

我们综合了世界经济自由度指数以及对外贸易数据的可得性，剔除了缺少两年及两年以上数据的样本，确定样本总数量为110个国家（地区），其中包含28个发达国家（地区）[①]，82个发展中国家（地区），样本国家的贸易总量占世界贸易总量的80%以上。由于世界经济自由度指数数据最早可以追溯到1995年，而本书需要计算每3年期的数据，因此本书使用1997—1999年、2000—2002年、2003—2005年、2006—2008年、2009—2011年的平均数据。

4. 数据来源

各国（地区）的对外贸易额来源于联合国贸易统计数据库，每3年期的平均数据由笔者计算获得；各国（地区）的GDP源数据来源于世界银行网站www.worldbank.org，每3年期的平均数据由笔者计算获得，其他控制变量数据

① 分别是：澳大利亚、奥地利、加拿大、芬兰、丹麦、法国、德国、希腊、中国香港、冰岛、爱尔兰、新西兰、以色列、意大利、日本、韩国、荷兰、挪威、葡萄牙、新加坡、西班牙、瑞士、瑞典、英国、美国、比利时、卢森堡、塞浦路斯。

来源于 CEPII 网站；各制度指标源数据均来自《华尔街日报》和美国传统基金会共同公布的经济自由指数，每 3 年期的贸易政策有效性数据和稳定性数据由笔者计算获得。由于本书要检验贸易政策有效性和稳定性对对外贸易的影响，为了减少异方差，对对外贸易数据 TRADE 和经济发展水平数据 GDP 取自然对数，这样解释变量应为 LNTRADE，经济水平变量为 LNGDP（见表 5－1、表 5－2）。

表 5－1　　发达国家（地区）样本主要变量的统计描述

	LNTRADE	INSTI	STAB	LNGDP	LAND	ENGLISH
均值	7.820	80.865	0.017	11.932	0.108	0.281
中位数	8.097	80.500	0.012	9.040	0.000	0.000
最大值	10.609	93.300	0.148	26.905	1.000	1.000
最小值	3.153	56.200	0.000	2.610	0.000	0.000
标准差	1.585	5.5436	0.023	7.016	0.311	0.451

表 5－2　　发展中国家（地区）样本主要变量的统计描述

	LNTRADE	LNGDP	INSTI	STAB	LAND	ENGLISH
均值	5.374	8.384	65.7453	0.071	0.171	0.220
中位数	5.254	6.045	68.433	0.039	0.000	0.000
最大值	10.392	26.872	87.667	0.556	1.000	1.000
最小值	1.089	2.416	14.900	0.000	0.000	0.000
标准差	1.680	1.817	14.295	0.093	0.377	0.414

5. 贸易政策制度有效性图形描述

在进行模型设定之前，我们首先用图形对以美国、日本和韩国为代表的发达国家（地区）和以中国、印度和巴西为代表的发展中国家（地区）的贸易政策制度质量进行初步比较。由图 5－2 可以看出，以美国、日本和韩国为代表的发达国家（地区）的贸易政策有效性水平要明显高于以中国、印度和巴西为代表的发展中国家（地区）的贸易政策有效性水平。在三个发达国家中，美国和日本的贸易政策有效性水平要高于韩国的贸易政策有效性水平。而在三个发展中国家中，印度的贸易政策有效性水平最低。中国在 2008 年之前低于巴西的水平，但是在 2009—2011 年，中国的贸易政策有效性水平几乎和巴西相当。

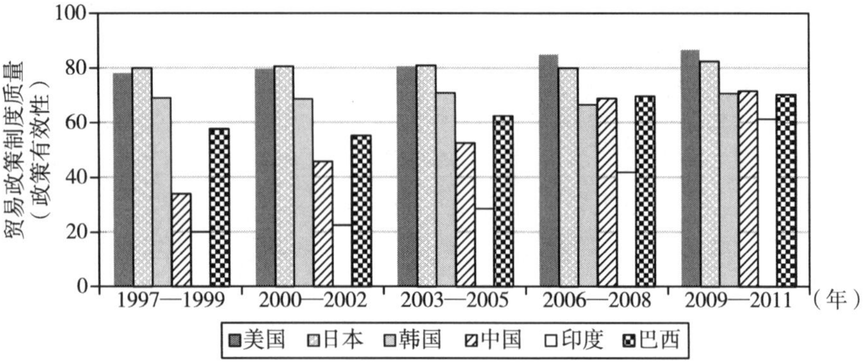

图 5－2　不同国家贸易政策有效性对比

（二）模型设定与估计结果分析

1. 模型设定

在模型的设定上，我们借鉴潘向东（2004）的方法，运用假设因素检验模型探讨对外贸易与制度因素的关系，用方程表示为：T = F(H V，CV)，其中，T 表示一国的对外贸易额，HV 是待检验变量矩阵，CV 是一系列控制变量矩阵，F 表示 T 与 HV 和 CV 之间的函数关系。回归模型可以表示为：

$$LnTRADE_{it} = \alpha_1 INST_{it} + \delta_1 X_{it} + \xi_i + \mu_{it} \qquad (5-1)$$

其中，INST 为贸易政策有效性，包括三个中类指标；α_1, β_1 为估计系数。假定，$\xi_i \sim i.i.d(0, \sigma_\xi^2), \mu_{it} \sim i.i.d(0, \sigma_\mu^2), E(\xi_i \mu_{it}) = 0$，i 和 t 分别表示地区和时间下标。$i = 1, 2, \cdots, 28$ 或者 $i = 1, 2, \cdots, 82; t = 1, 2, 3, 4, 5$。

2. 模型结果分析

对模型（5－1）进行估计，结果如表 5－3 所示。由表 5－3 可以看出，INST 的系数在发达国家（地区）样本和发展中国家（地区）样本中均在 1% 的水平上显著为正，这说明一国（地区）政策的制度质量——政策有效性对对外贸易的发展有着显著的促进作用，一国（地区）的贸易政策制度质量越高，对外贸易商所面临交易的不确定性和交易成本就越低，因此该国（地区）的对外贸易就越活跃。一国（地区）贸易政策的制度质量越低，掠夺行为就越严重，合同的执行也就会越不完全。这对该国（地区）的对外贸易有害，因为它增加了对外贸易的成本和风险①。

① Anderson，J. E.，Wineoop，E. v.. *Borders*，*Trade and welfare*. NBER Working Paper 2001，No. 8515.

表 5－3　　　　贸易政策制度有效性国家（地区）间比较

LNTRADE	发达国家（地区）	发展中国家（地区）
C	0.374***	4.074***
INST	0.101***	0.021***
LNGDP	0.051***	0.0232*
LAND	－1.404***	－0.555***
ENGLISH	0.098	－0.969***
样本数	140	410
$\overline{R}^2$	0.68	0.71

注：***、**、*分别表示在1%、5%、10%的水平上显著。

比较发达国家（地区）样本和发展中国家（地区）样本可以发现，INST 在发达国家（地区）样本中的系数为 0.101，明显大于 INST 在发展中国家（地区）样本中的0.021，这说明贸易政策在发达国家（地区）中对贸易发展发挥了更大的促进作用，这一结论与当前发达国家（地区）在世界贸易中占据霸权地位的事实是相符的。

无论是发达国家（地区）样本还是发展中国家（地区）样本，一国（地区）经济水平 LNGDP 在模型中的系数均为正，且至少在 10%的水平上显著，这与我们的预期相符，而且再一次验证了 Frankel 和 Romer（1999）的观点：如果一国（地区）的经济增长强劲，那么对外贸易也会迅速扩张。虚拟变量一国（地区）是否被陆地包围（LAND）在两组样本中系数均为负，且都在 1%的水平上显著，这说明在海运仍为国际货物运输的主要方式的当今世界中，如果一国（地区）被陆地包围，那么对外贸易的运输成本就会较高，会给该国（地区）的对外贸易造成不利的影响。

令我们惊讶的是，我们通常认为语言也会影响一国（地区）的对外贸易，因此如果一国（地区）的母语或者官方语言为英语，则会减少国际贸易中沟通的障碍，减少沟通的成本，进而促进贸易的发展。但是我们发现一国（地区）的官方语言为英语，ENGLISH 这一变量在两组样本中的结果都与我们的预期有异。在发达国家（地区）样本中，其系数虽与我们的预期相符，但是并不显著。另外，在发展中国家（地区）样本中，我们发现该变量虽然在 1%的水平上显著，但是其系数却与我们的预期相反，为负。这说明一国（地区）的官方语言是否为英语对该国（地区）的贸易发展并无实质性影响。经过思考，我们认为这可能和“英语被越来越多的国家和地区所学习和接受”有关，虽然有很多国家（地区）的官方语言并非是英语，但其第二语言为英语，而且大多数国家（地区）都已经意识到英语的重要性，因此在国（地区）内的课程体系设置中，都设有英语课程，结果，受到中高等教育的国民都会操着不同流利程度的英语进行对话，降低了对外贸易的语言障碍。

二、贸易政策稳定性的国别比较分析

（一）变量说明和数据来源

我们采取贸易政策有效性国别比较的分析方法对贸易政策的稳定性进行国别比较分析，因此，控制变量、样本和数据来源方面都不作改变，仅对贸易政策的稳定性加以说明。

1. 贸易政策的制度质量——制度稳定性 STAB

贸易政策的稳定性较难测量，一个完整的政策稳定分析框架应该包括政策的波动性、政府的承诺以及政策的一致性三个方面①，但是因为缺少对政策承诺和政策一致性的统一界定标准和衡量指标，本书将针对政策的波动性进行分析。在衡量政策波动性方面有两种方法：一是使用贸易政策指标的实际值与预期值偏离的绝对值来衡量②（Sudsawasd S，2005），这种方法比较适合于时间序列分析；二是选取不同界面（一般是3年或5年）计算原始数据的变异系数（Niclas Berggren，2009），这种方法适合于面板数据分析，这里借鉴 Niclas Berggren（2009）的方法，使用贸易政策制度质量的变异系数（或称标准差率）来作为贸易政策稳定性的代理指标。变异系数描述的是偏移量与均值之间的关系，变异系数越大，说明偏移的越厉害。因此，贸易政策制度质量的变异系数越大，说明政策的稳定性越差；值越小，表明政策的稳定性越好。

由于贸易政策的不稳定性不利于人们形成对未来交易的预期，会增加交易中的不确定性，因此即使是对长期贸易发展有利的贸易政策变革，在短期内也可能会因为政策的不稳定性产生阻碍贸易发展的转型成本。另外，通过对世界各国的贸易政策稳定性变量 STAB 和对外贸易量 LNTRADE 做散点图（见图

---

① Borja, K., Trade Policy Instability Index: *The Effect of Trade Policy Instability on Economic Growth*. ProQuest Dissertations and Theses: 2005.

② Sudsawasd, S. and R. Moore, Investment under Trade Policy Uncertainty: An Empirical Investigation, *Review of International Economics*, 2006, vol. 14, No. 2, PP. 316 – 329.

5-3）也可以发现两者之间成负相关关系，因此我们预期贸易政策稳定性STAB在模型中（发达国家（地区）样本组和发展中国家（地区）样本组）的系数为负。

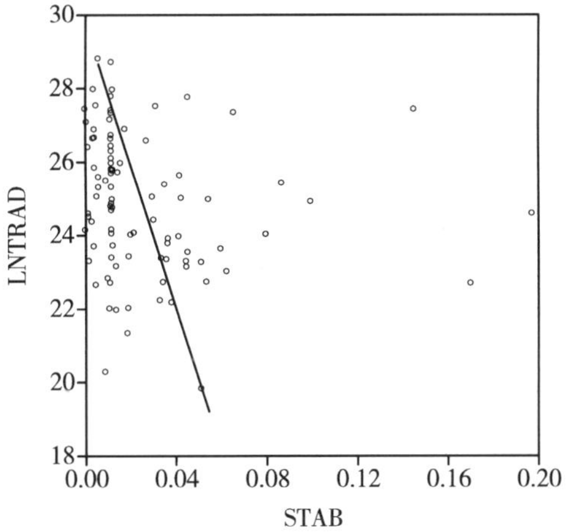

图5-3　贸易政策稳定性与贸易发展（对数值）散点图

2. 贸易政策制度稳定性图形描述

分别使用发达国家（地区）和发展中国家（地区）的贸易政策稳定性数据做柱状图（见图5-4）可以发现，以美国、日本和韩国为代表的发达国家（地区）的贸易政策稳定性水平明显优于以中国、印度和巴西为代表的发展中国家（地区）的贸易政策稳定性水平。在三个发达国家中，韩国的贸易政策稳定性水平略低。而在三个发展中国家中，印度的贸易政策稳定性水平最低。中国在2008年之前，低于巴西的贸易政策稳定性水平，但是在2009—2011年间，其贸易政策稳定性水平明显优于巴西。

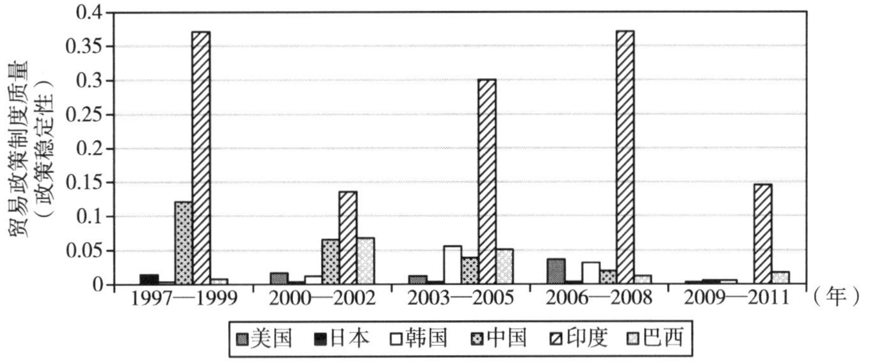

图5-4　不同国家贸易政策稳定性对比

（二）模型设定与估计结果分析

1. 模型设定

在模型的设定上，我们仍借鉴潘向东（2004）的方法，运用假设因素检验模型探讨对外贸易与制度因素的关系，用方程表示为：T = F(HV，CV)，其中，T 表示一国的对外贸易额，HV 是待检验变量矩阵，CV 是一系列控制变量矩阵，F 表示 T 与 HV 和 CV 之间的函数关系。从而我们的回归模型可以表示为：

$$LnTRADE_{it} = \beta_1 STAB_{it} + \delta_1 X_{it} + \xi_i + \mu_{it} \quad (5-2)$$

其中，STAB 为贸易政策稳定性；α_1, β_1 为估计系数；假定，$\xi_i \sim i.i.d(0, \sigma_\xi^2), \mu_{it} \sim i.i.d(0, \sigma_\mu^2), E(\xi_i \mu_{it}) = 0$，i 和 t 分别表示地区和时间下标。$i = 1,2,\cdots,28$ 或者 $i = 1,2,\cdots,82$；$t = 1,2,3,4,5$。

2. 模型结果分析

对模型（5－2）进行估计，结果如表 5－4 所示。由表 5－4 可以看出，STAB 的系数在发达国家（地区）样本与发展中国家（地区）样本中均在至少 5% 的水平上显著为负，这说明 STAB 值越小，贸易政策的稳定性越好，对对外贸易的增长就越有利，即贸易政策的制度稳定性对一国（地区）的对外贸易具有显著促进作用。

表 5－4　贸易政策制度质量——政策稳定性对对外贸易的影响

LNTRADE	（1）发达国家（地区）	（2）发展中国家（地区）
C	8.503***	5.661***
STAB	－11.887**	－2.687***
LNGDP	0.036**	0.026**
LAND	－1.475***	－0.476**
ENGLISH	0.376	－1.055***
样本数	140	410
$\overline{R}^2$	0.56	0.58

注：***、**、* 分别表示在 1%、5%、10% 的水平上显著。

比较发达国家（地区）样本与发展中国家（地区）样本可以发现，贸易政策稳定性变量 STAB 在发达国家（地区）样本中的系数为－11.887，其绝对值明显大于 STAB 在发展中国家（地区）样本中的系数－2.687 的绝对值，这说明在不考虑贸易政策有效性的情况下，贸易政策的稳定性因素对发达国家（地区）

的对外贸易发挥了更大的促进作用，或者说由政策改革和政策调整带来的政策不稳定会给发达国家（地区）的贸易发展带来更大的阻碍。而政策不稳定给发展中国家（地区）的外贸发展带来的危害作用相对较小，这主要是因为发达国家（地区）的贸易发展比发展中国家（地区）的贸易发展更具有政策促进型特征，因此在不考虑政策有效性的情况下，政策不稳定性对发达国家（地区）经济的影响较大。

LNGDP、LAND 和 ENGLISH 变量在模型（5－2）中的结果和在模型（5－1）中的结果没有大的变化。

三、贸易政策制度质量的国别比较分析

一国（地区）贸易政策制度质量的高低不仅取决于贸易政策的有效性，而且也取决于贸易政策的稳定性，由两者共同决定，且政策有效性与政策稳定性是一个有机的整体，两者相互影响、相互作用。综合图 5－2 和图 5－4，我们认为以美国、日本和韩国为代表的发达国家（地区）的贸易政策制度质量要优于以中国、印度和巴西为代表的发展中国家（地区）的贸易政策制度质量。其中，在三个发达国家中，韩国的贸易政策制度质量要略次于美国、日本。而在三个发展中国家中，印度的贸易政策制度质量要明显低于中国和巴西。

表 5－5　　贸易政策制度质量国家（地区）

LNTRADE	发达国家（地区）	发展中国家（地区）
C	0.922	4.503***
INST	0.095***	0.017**
STAB	-5.412	-1.488*
LNGDP	0.051**	0.022*
LAND	-1.277***	-0.552***
ENGLISH	0.094	-0.951***
样本数	140	410
$\overline{R}^2$	0.56	0.58

注：***、**、* 分别表示在 1%、5%、10% 的水平上显著。

我们借鉴模型（5－1）和模型（5－2）的设定方法，将贸易政策有效性与稳定性整合于一体，同时纳入模型，建立一个有效性与稳定性统一的制度质量

分析框架，对发达国家（地区）和发展中国家（地区）的贸易政策进行综合性对比。为此，我们建立以下模型：

$$LnTRADE_{it} = \alpha_1 INSTI_{it} + \beta_1 STAB_{it} + \delta_1 X_{it} + \xi_i + \mu_{it} \qquad (5-3)$$

其中，INST 为贸易政策有效性，包括三个中类指标；STAB 为贸易政策稳定性；α_1，β_1 为估计系数；假定，$\xi_i \sim i.i.d(0, \sigma_\xi^2)$，$\mu_{it} \sim i.i.d(0, \sigma_\mu^2)$，$E(\xi_i\mu_{it}) = 0$，i 和 t 分别表示地区和时间下标。$i = 1,2,\cdots,28$ 或者 $i = 1,2,\cdots,82$；$t = 1,2,3,4,5$。

由表 5－5 可以看出，INST 的系数在发达国家（地区）样本和发展中国家（地区）样本中均在 5% 的水平上显著为正，STAB 的系数在发达国家（地区）样本和发展中国家（地区）样本中均为负，这说明贸易政策制度质量对贸易发展具有显著的促进作用，高质量的贸易政策为贸易发展提供动力，稳定的政策环境为贸易发展提供保障。

比较发达国家（地区）样本组与发展中国家（地区）样本组的贸易政策有效性变量 INSTI 的系数可以发现，发达国家（地区）样本组的 INSTI 系数为 0.095，远远大于发展中国家（地区）样本组的 INSTI 系数 0.017，这与模型（5－1）的结论相符，说明在综合考察贸易政策有效性与稳定性的情况下，和发展中国家（地区）相比，发达国家（地区）贸易政策的有效性更高。

比较两个样本组的贸易政策稳定性变量 STAB 的系数及显著性可以发现，发达国家（地区）样本组的 STAB 系数的绝对值要大于发展中国家（地区）样本组 STAB 系数的绝对值，这与模型（5－2）的结果类似，但是我们也发现在发达国家（地区）样本组中，STAB 的系数虽然为负，但并不显著，原因何在？经过思考，我们认为：和发展中国家（地区）相比，发达国家（地区）具有更充分的金融工具以及市场信息，更完善的资本市场和保险市场，且市场行为人能有更多的渠道进入这些市场，进而能够更好地应对贸易制度的不稳定性，即高质量的贸易制度在一定程度上减少了贸易制度改革和贸易制度变迁所带来损失①。

将表 5－5 中 INSTI 和 STAB 的系数与表 5－1 中的 INSTI 以及表 5－2 中的 STAB 系数相比较，可以发现，无论是发达国家（地区）样本还是发展中国家（地区）样本，表 5－3 中的 INSTI 系数和 STAB 系数的绝对值都有所下降，且 STAB 系数下降的幅度较大。这说明在影响贸易发展方面，贸易政策制度质量的

① 郭苏文，黄汉民．制度质量、制度稳定性与经济增长：一项实证研究［J］．当代经济科学，2010（6）．

二维属性——有效性和稳定性相互影响、相互作用，是一个有机的整体：有效的贸易政策会大大减少政策的不稳定给贸易发展带来的不利影响，不稳定的政策会制约政策有效性的发挥，只有贸易政策具有良好的稳定性，微观个体才会根据自己的理性预期，自觉地在它的限制和约束范围内选择自己的经济和贸易行为。

四、实证研究结论

在实证分析部分，我们运用了假设因素检验模型，使用110个国家（地区）1997—2011年每3年期的面板数据（其中包含28个发达国家（地区）、82个发展中国家（地区），样本国家（地区）的贸易总量占世界贸易总量的80%以上）对发达国家（地区）和发展中国家（地区）的贸易政策有效性和稳定性分别进行了比较。最后将贸易政策有效性与稳定性整合于一体，同时纳入模型，建立一个有效性与稳定性统一的制度质量分析框架，对发达国家（地区）与发展中国家（地区）的贸易政策进行综合性对比。相关的实证研究结论如下。

第一，贸易政策有效性变量INST的系数在发达国家（地区）样本和发展中国家（地区）样本中均在1%的水平上显著为正，这说明一国（地区）贸易政策的制度质量——政策有效性对对外贸易的发展有着显著的促进作用：一国（地区）的贸易政策制度质量越高，对外贸易商所面临的交易不确定性和交易成本就越低，因此该国（地区）的对外贸易就越活跃。一国（地区）贸易政策的制度质量越低，掠夺行为就越严重，合同的执行也就越不完全，进而对该国（地区）的对外贸易有害，因为它增加了对外贸易的成本和风险。

第二，贸易政策有效性变量INST在发达国家（地区）样本中的系数为0.101，明显大于INST在发展中国家（地区）样本中的系数0.021，这说明贸易政策在发达国家（地区）中对贸易发展发挥了更大的促进作用。

第三，贸易政策稳定性变量STAB的系数在发达国家（地区）样本与发展中国家（地区）样本中均在至少5%的水平上显著为负，这说明STAB值越小，贸易政策的稳定性越好，对对外贸易的增长就越有利，即贸易政策的制度稳定性对一国（地区）的对外贸易具有促进作用。

第四，比较发达国家（地区）样本与发展中国家（地区）样本可以发现，贸易政策稳定性变量STAB在发达国家（地区）样本中的系数为-11.887，其绝对值明显大于 STAB 在发展中国家（地区）样本中的系数 -2.687 的绝对值，这说明在不考虑贸易政策有效性的情况下，贸易政策的稳定性因素对发达国家（地区）的对外贸易发挥了更大的促进作用，或者说由政策改革和政策调整带来的政策不稳定会给发达国家（地区）的贸易发展带来更大的阻碍，而政策不稳定给发展中国家（地区）的外贸发展带来的危害作用相对较小。这主要是因为发达国家（地区）的贸易发展比发展中国家（地区）的贸易发展更具有政策促进型特征，因此在不考虑政策有效性的情况下，政策不稳定性对发达国家（地区）经济的影响较大。

第五，将贸易政策有效性与稳定性整合于一体，同时纳入模型，结果发现贸易政策有效性变量 INST 的系数在发达国家（地区）样本和发展中国家（地区）样本中均在 5% 的水平上显著为正，贸易政策稳定性变量 STAB 的系数在发达国家（地区）样本和发展中国家（地区）样本中均为负。这说明贸易政策制度质量对贸易发展具有显著的促进作用：高质量的贸易政策为贸易发展提供动力，稳定的政策环境为贸易发展提供保障。但是我们也发现在发达国家（地区）样本中，STAB 的系数虽然为负，但并不显著，原因何在？经过思考，我们认为：和发展中国家（地区）相比，发达国家（地区）具有更充分的金融工具以及市场信息，更完善的资本市场和保险市场，且市场行为人能有更多的渠道进入这些市场，能够更好地应对贸易制度的不稳定性，即高质量的贸易制度在一定程度上减少了贸易制度改革和贸易制度变迁带来的损失。

第六章　中国贸易政策整体的制度质量考察

贸易政策通常是指一国政府为了一定目的（如经济发展战略等），运用经济、法律、行政等手段对进出口贸易及其相关活动所采取的一系列国家干预和调节行为及其措施的总称。狭义的贸易政策是指关税和非关税的政策措施体系。中国对外贸易政策是指在一定时期内我国对进出口贸易所实行的政策，包括对外贸易总政策、商品和服务贸易的进出口及开放政策、国别对外贸易政策等。

第一节　中国对外贸易政策的发展演变

1949 年新中国成立至今，我国对外贸易经历了改革前后两段完全不同的发展历程。1978 年，中国货物进出口总额只有 206 亿美元，在世界货物贸易中排名第 32 位，所占比重不足 1%；改革开放后，我国对外贸易发生了翻天覆地的变化，2012 年，我国进出口总额高达 38668 亿美元，其中进口总额为 18178 亿美元，出口总额为 20489 亿美元，在世界贸易中排名第 2 位，成为举足轻重的世界贸易大国。我国对外贸易所取得的巨大成就与贸易政策的制定息息相关。因此，了解我国对外贸易政策 60 多年来的演变历程有助于更好地理解我国贸易政策的制度质量。

一、新中国成立至改革开放前的对外贸易政策

1949 年 9 月通过的具有临时宪法性质的《中国人民政治协商会议共同纲领》规定，我国对外贸易政策“实行对外贸易的管制，并采用保护贸易政策”，这一

规定明确地指出了我国实行的是保护贸易政策。

新中国成立初期，面对资本主义国家对我国的经济封锁和物资禁运，我国经济以“自力更生和自给自足”为指导思想，优先发展重工业，将对外贸易作为调剂余缺的手段，执行国家统制型的封闭式保护贸易政策，政府的行政计划取代市场进行资源配置，忽视了对外贸易的效率原则，很少进行双边贸易合作，也不参与世界性的贸易组织，靠计划和数量限制来干预进出口。对外贸易的目的就是换回进口必要的机器设备所需的外汇，采取人民币币值高估及外汇管制的汇率政策满足进口对外汇的需求。

在对外贸易战略方面，中国采取了“ 进口替代”战略，首先选择了重工业为替代行业，随后开始有计划地引进部分基础工业。同时也采取了进出口管制、征收关税、海关监管等具体的贸易措施。完全的进口替代政策导致了我国国际收支状况的恶化，引进的技术和设备也因消化吸收不良而一度落后。

二、改革开放后至加入 WTO 前的对外贸易政策

（一）改革开放初期的对外贸易政策

随着 1978 年我国实行改革开放，中国贸易体制也进入了改革的第一个阶段。从 1978 年至 1987 年，我国贸易体制改革围绕着“建立有计划的商品经济体制”这一中心不断深化。为了打破原有的高度集中的、国家统制的局面，中国外贸体制进行了一系列的改革：打破了原有的单一的指令性计划管理，由指令性计划向指导性计划和市场调节转变；调整了国家外贸管理机构，基本理顺了政府部门对外贸的管理关系；下放了外贸经营权，开始工贸结合的试点；简化对外贸易计划的内容，并实行出口承包经营责任制度；实行了有区域差别、行业差别和出口商品来源差别的外汇留成制度；对出口商品实行出口退税等。这些改革消除了原有外贸进出口独家经营、集中管理等方面存在的体制性障碍，从而培养了新的外贸经营主体，调动了外贸企业和出口生产企业的主动性和积极性，在一定程度上增强了外贸企业和出口商品在国际市场上的竞争能力，刺激了出口商品结构的改善，推动了我国对外贸易的迅速发展，为我国日后成为世界贸易大国奠定了基础。

随着外贸体制改革的进行，1978—1987 年中国外贸政策也进入了改革开放后的第一个调整时期。这一时期对外贸易政策调整的主要标志有两个：一是

1982 年 1 月中共中央书记处举行会议，讨论了发展对外经济关系在我国四化建设中的战略地位，强调我国的社会主义建设，要利用两种资源——国内资源和国外资源，要打开两个市场，要学会两套本领——组织国内建设的本领，为对外经济工作确定了理论基础和指导思想。二是 1986 年“七五”计划确定了对内搞活、对外开放的总方针，为对外贸易战略设计了明确的蓝图。1986 年 7 月，改革开放取得一定的成就之后，中国开始了恢复关贸总协定缔约国地位的申请。

这一时期的对外贸易整体调整的具体内容主要包括以下几个方面：一是外汇政策改革。根据 1979 年颁布的《关于大力发展对外贸易增加外汇收入若干问题的规定》，外汇在有国际集中统一管理、保证重点和平衡的同时，实行外汇收入额度留成制度。1985 年又在此基础上进一步扩大企业外汇的留成比例。另外，1980 年，国家外汇管理局和中国银行联合发出《调剂外汇暂行办法》，以调剂各地区各部门留成外汇额度的余缺。二是财政扶持政策。通过建立扶持出口商品生产专项基金、奖售、专项贷款等方式对出口货源基地建设、出口工业生产企业等进行大力扶持；通过以进出口商品差价补贴等形式进行出口补贴和奖励；设立外贸企业修建简易仓库、货棚等的外贸企业简易建筑费。三是恢复关税政策。1980 年国务院恢复计征关税，并在 2 年内先后四次调整进口关税，同时为了鼓励对外资的利用，也制定了进口关税的优惠政策。四是出口退税政策。国务院从 1983 年 9 月份开始对 17 种机电产品和零部件实行出口退税、进口征税的制度，1985 年开始对除原油、成品油之外的其他出口产品实行出口退税。

（二）外贸承包责任制政策

1988 年到 1993 年是外贸体制改革的第二个阶段。1988 年初，《全民所有制工业企业承包经营责任制暂行条例》的颁布标志着外贸承包责任制开始全面铺开。这一时期改革的重心除了全面推行外贸承包经营责任制之外，还包括深化进出口经营体制和外贸行政体制改革等。企业自主经营的权利逐步被放开，随着指导性计划范围的不断扩大，国家指令性计划的范围逐渐缩小。

外贸政策也随之进行了调整，主要包括以下几个方面：一是外汇政策改革。从 1991 年开始对原有的外汇留成制度进行改革，改变地区有差别的外汇留成制度，实行全国统一的按照商品大类进行管理的留成制度；允许外汇额度在不同省份之间进行调剂，限制地方政府和部门对外汇资金省际流动的行政性干预；人民币对美元汇率继续贬值。二是财政扶持政策。对扶持外贸生产的各项资金，由原来的无偿使用统一转变为有偿使用的商贸周转资金，根据使用期限的长短缴纳不同额度的周转金使用费，使用时间越长，使用费越贵。鼓励轻纺产品发展。从1987年开始，政府设立重点轻纺出口企业的发展基金，专项使用，鼓励发展轻纺深加工出口商品。进一步加强出口鼓励措施。从1987年开始，对于出口创汇的供货企业实行每创汇1美元奖励5分人民币的政策，同时停止执行减亏分成方法，对外贸企业的出口收汇实行1美分的外汇额度和2分人民币的奖励制度。对承包期间亏损的外贸企业给予一定的扶持，如果发生亏损，实行不加息、不惩息和不停贷的制度，并要求外贸企业在规定的时间内自行消化。三是继续完善关税和出口退税政策。从1987年开始，政府不断加大出口退税的政策力度，对出口产品实行退还各个环节累计间接税和增值税的方法；对关税水平进行新一轮的调整，使关税总水平由原来的43.2%降至39.9%。

（三）市场化改革时期的外贸政策

1992年党的十四大会议召开，提出了要建立和完善社会主义市场经济体制，使市场在国家的宏观调控下对资源配置起基础性作用。作为中国经济体制改革的一个重要的组成部分，1994—1996年的外贸体制进行了市场化，改革重点是：（1）完善宏观外贸管理体系，如改革汇率制度、统一外贸企业所得税、进一步降低关税水平、改革外贸行政管理手段、加强对外贸易立法等；（2）建立产权清晰、权责明确、政企分开、管理科学的现代企业制度，使外贸企业逐渐由国家计划执行者转变为从事对外经济贸易与合作的经营企业；（3）推进实施进出口代理制度；（4）实行保证金台账制度；（5）健全外贸协调机制，加强经济协调能力。

按照上述要求，外贸政策也进行了相应的调整，进入了调整的第三个时期。调整的内容主要有以下几个方面：一是深化外汇体制改革。取消官方汇率和外汇调剂市场汇率双汇率并存的状况，实现汇率并轨，并对人民币进行贬值；改变原有的固定汇率制度，实行以外汇市场供求为基础的、单一的、有管理的人民币浮动汇率制度；实行外汇收入的结汇制和银行出售外汇制度，同时取消原有的各种外汇留成；实现人民币经常项目下的自由兑换。二是财税体制改革。全面改革流转税制，实行以增值税为主、消费税和营业税并行的较为规范的流转税制；调整中央和地方政府的税收收入划分，将适合地方政府征管的税种变为地方税，中央和地方对增值税按3∶1的比例进行共享。三是出口退税制度改革。1994年将出口退税的税种调整为增值税和消费税，实现了出口货物零税率。但由于出口退税增长过快，国家财政负担不断加重，政府于1995年和1996年又先后两次下调出口退税率。四是大幅度降低进口关税。为了适应加入GATT的需要，从1994年开始，中国开始大幅度下调进口关税水平，并于同年取消了对出口产品的直接补贴；到1997年中国关税总水平下调至17%，平均降幅高达26%。

（四）与国际接轨时期的外贸政策

1997—2001年，为了适应国际经济贸易新形势的需要，中国不断地从全局的角度推进外贸发展战略，使外贸体制改革进入了与国际接轨的发展阶段，同时也是中国加入WTO的前期准备阶段。这一时期的外贸体制改革主要包括：（1）深化宏观管理体制改革。不断下调出口许可证比例，改革配额管理制度，大幅减少出口计划、配额限制的商品的品种；下调关税税率；加强外贸法律的制定和完善，进一步规范与国际贸易规则接轨的外贸政策法规。（2）深化外贸经营体制改革。扩大生产企业外贸经营权的自动登记试点范围；赋予私营生产企业和科研院所进出口经营权；顺利开展外商经营外贸试点工作，外资开始以合资的形式进入中国外贸领域，进一步丰富了中国外贸经营主体。（3）“大经贸”战略的实施。“大经贸”战略是指在新形势下进一步拓宽对外经贸的深度和广度，实行以进出口贸易为基础，商品、资金、技术、服务相互渗透、协调发展，外经贸、生产、科研、金融等部门共同参与的对外经贸发展战略。该战略的实施进一步打破了国内、国际市场之间的阻隔和不同企业之间、不同地区之间的界限，促进了竞争和专业化的合作、协调，增强了企业的国际化经营能力，为企业实现集约化创造了条件。（4）积极应对国际贸易摩擦。亚洲金融危机的爆发和蔓延导致了国际贸易保护主义抬头，中国对外贸易频频遭遇反倾销和反补贴诉讼。为了应对这一局面，中国建立了多层次、多渠道的应诉机制，积极应对贸易摩擦，维护国家安全和企业的合法权益。

这一时期我国外贸政策所作的主要调整包括以下几个方面：

一是保持人民币汇率稳定、不贬值。中国采取严厉措施打击逃汇和套汇行为，加强对经常项目回购的审核和监管，对正常的企业经营活动尤其是出口业务给予适当的便利。

二是财政金融方面的扶持。为中小企业的国际市场开拓设置专项资金，专门用于扶持中小企业发展。为了鼓励西部以及东北老工业基地和中部地区的发展，先后设立了西部外经贸发展促进基金以及东北老工业基地和重负外经贸发展专项基金。积极发展出口信用保险，支持中国企业对外进行投资，为企业开拓国际市场提供风险保障，为企业在出口融资、信息咨询等方面提供快捷便利的服务；引导和推动商业银行支持扩大出口。

三是进一步调整出口退税政策。一方面，提高出口商品退税率，提高出口企业在国际市场上的竞争力；另一方面，对出口退税指标进行宏观调控，逐步向中部和西部地区倾斜，向有良好信誉的大中型企业倾斜。同时对出口退税的程序进行分类管理：对信誉好、国家扶持的企业采取快捷便利的退税方法；对信誉差的企业采取严格审查制度。

四是进一步调整进口关税政策。不断降低进口关税税率水平，1999—2001年逐年降低关税税率，三年的关税总水平分别为16.7%、16.4%和15.3%。

三、后WTO时期的外贸政策

自2001年12月我国成功加入WTO，改革开放进入全方位宽领域时期。这一时期，我国对外贸易政策需要与世贸规则保持一致，更要适应中国市场化改革的要求。我国外贸政策开始向有协调管理的一般自由贸易政策转变。这一时期对外贸易政策的变化表现在以下几个方面。

第一，大幅度削减关税。入世以后，我国按关税减让表继续降低关税税率，到2007年我国关税算术平均税率已经降至9.8%，此后一直维持在这一水平(见表6－1)。

表6－1　　2002—2011年我国关税下调情况表

调整时间	算术平均税率
2002年1月1日	12.00
2003年1月1日	11.00
2004年1月1日	10.4
2005年1月1日	9.9
2006年1月1日	9.9
2007年1月1日	9.8
2008年1月1日	9.8
2009年1月1日	9.8
2010年1月1日	9.8
2011年1月1日	9.8

资料来源：中华人民共和国海关网站。

第二，取消了大部分进口配额。自2002年1月1口起，中国取消了14种商品的进口许可证管理，实行配额和进口许可证管理的商品种类从26种减少到12种。汽车及其关键件、汽车轮胎等商品的许可证取消，实行配额管理。政府先后公布了《特定产品进口管理细则》《进口配额管理实施细则》《化肥进口关税配额管理暂行办法》和《农产品进口关税配额管理办法》等行政规定，对配额的总量、分配原则和申请程序等都作了详细的规定。

第三，调整了有关法律制度和政策措施。截至2002年底，全国人大及其常委会制定、修改有关法律14件，国务院立、改、废行政法规共50件，停止执行有关文件34份，国务院部门规章和其他政策措施立、改、废1000多件。另外，《中华人民共和国对外贸易法》于2004年7月开始实施，替代了《对外贸易法》，彻底改变了外贸经营权高度集中管理的现象，使我国的对外贸易政策更加符合市场经济体制和贸易自由化的要求。

第四，扩大进口。运用关税等调节等手段，重点鼓励先进技术和设备以及重要资源型商品进口。加大对促进进口的金融支持，全面疏通各种非关税措施，进一步开放市场，改善贸易环境。

第五，制度运行机制进行调整，增加贸易政策的透明度。根据有关贸易制度统一实施和增强透明的对外承诺，对统一实施、透明度等制度运行机制作了调整。

四、世界金融危机背景下我国对外贸易政策的调整

2007年9月国际金融危机开始蔓延，由于外部市场萎缩，对外经济依存度较高的我国出口贸易急剧下降，与出口有关的进口和投资也迅速下滑。为了减少金融危机的负面影响，中国政府迅速作出反应，出台了一系列的支持对外贸易发展的政策措施。

一是完善出口信用保险政策。扩大出口信用保险的覆盖率，降低出口信用保险的保险费率。建立健全出口信用保险财政风险补偿机制，对大型成套设备的出口融资保险设立专项资金安排。

二是完善出口税收政策。对于劳动密集型产品、具有优势的产品和高科技产品的出口继续提供支持，严格控制高污染、高耗能和资源性产品的出口。

三是着重解决外贸企业融资难的问题。为了扩大担保机构对中小企业贸易融资的担保，中央安排资金支持担保机构，并鼓励金融机构通过各种各样的方

式为出口企业的融资提供支持，并维持人民币汇率的相对稳定。

四是进一步减轻外贸企业负担。对出口环节的各项收费进行清理，对乱收费行为进行严厉查处。对法定检验目录适时、合理地进行调整，延长刚刚列入法检目录或增补监管条件商品的过渡期。

五是完善加工贸易政策。完善加工贸易的征税措施和通关政策措施，为加工贸易的产品内销提供方便。对于符合条件的、以不作价设备出资而设立法人企业的，可根据实际情况对于补缴不作价设备的进口环节增值税和进口关税进行免除。

六是支持各类所有制企业“走出去”战略以带动出口，对优买和优贷项目以及资金审批程序等予以简化。

第二节　中国贸易政策的制度质量评价Ⅰ：定性分析

一、中国贸易政策的制度有效性分析

贸易政策的选择一直是一个充满争议的问题。一国政府在作出贸易决策时，必然要考虑这种贸易政策的成本与收益。其原则就是成本最小、收益最大。根据这一原则，似乎一国政府可以随意选择贸易政策。但事实上，政府在作决策时还必须考虑更多的出素，如其他国家的贸易行为及对本国贸易政策的反应能力，本国经济发展的现状，以及其他国家贸易政策的扩散效应及本国的接受能力等。

（一）对贸易政策结果的评价

中国贸易政策的政策目标是多元、多层次的。贸易政策的根本目标是要充分利用国内外资源、国内外市场为本国经济社会发展服务，同时通过贸易不断提升中国在国际分工体系中的地位，改善中国在国际经贸利益分配格局中的地位，实现中国经济社会的可持续发展。具体而言，中国贸易政策的目标应该包括以下几个方面：扩大本国产品的出口市场，促进本国外贸结构和产业结构的改善，这是决定中国参与国际分工地位和利益分配格局的关键因素；积累资本或资金；维护本国对外的经济、政治关系；促进经济的发展，这既包括整体经

济的迅速发展也包括区域之间的均衡发展；促进国家经济、政治和社会稳定。

改革开放以来，对外贸易政策在我国的对外贸易和经济增长中发挥了巨大的作用，基本实现了贸易政策的既定目标，具体表现在以下几个方面。

1. 促进了对外贸易的跨越式发展

改革开放30多年来，我国的贸易政策随着改革开放的深入和经济领域的变革而不断进行调整，特别是加入WTO以来，中国全面履行入世承诺，贸易和投资自由化、便利化程度显著提高。中国不断扩大农业、制造业、服务业市场准入，不断降低进口产品关税税率，取消所有不符合世界贸易组织规则的进口配额、许可证等非关税措施，全面放开对外贸易经营权，大幅降低外资准入门槛。中国关税总水平由15.3%降至9.8%，达到并超过了世界贸易组织对发展中国家的要求。中国服务贸易开放部门达到100个，接近发达国家水平。

第一，促进了进出口总额的大幅度攀升。中国进出口总额从1978年的206.4亿美元上升到2011年的36421亿美元，增长了175倍[①]。中国也是世界范围内国际贸易增长中最显眼的“亮点”，在全球贸易总量中的排名不断攀升，尤其是2001年加入世贸组织以来，中国在全球贸易中的排名以年升一位的速度上升，中国货物贸易额的全球排名由第六位上升到第二位，其中出口额跃居第一位，进口额累计达到7.5万亿美元，居发展中国家首位。中国平均每年进口7500亿美元的商品，为贸易伙伴创造大量的就业岗位和投资机会。另外，中国对外贸易额对全球贸易增量的贡献也非常显著。2009年，虽然受金融危机的影响，对外贸易额比2008年下降16%左右，但仍超过日本和德国，成为仅次于美国的第二大贸易国，占全球货物贸易总量的8.87%。2011年，中国在全球贸易份额中占9.31%，超过日本（4.43%）和德国（8.11%），成为仅次于美国（9.78%）的世界贸易大国。

第二，极大地改善了我国货物贸易结构。中国货物贸易结构发生了根本性变化，全方位和多元化进出口市场格局形成。《中国的对外贸易》白皮书指出，中国出口商品结构在20世纪80年代实现了由初级产品为主向工业制成品为主的转变，到90年代实现了由轻纺产品为主向机电产品为主的转变，进入21世纪以来，以电子和信息技术为代表的高新技术产品出口比重不断扩大。“十一五”期间工业制成品出口比重由“十五”末的93.6%提高到94.8%。机电产品出口比

① 该数字没有剔除价格因素。

重由56%提高到59.2%。高新技术产品出口比重由28.6%提高到31.2%。农轻纺等传统行业出口质量和效益稳步提升。高耗能、高污染、资源性产品出口比重由“十五”末的6.6%降至5.5%。另外，我国工业制成品的出口比重从50%提高到90%仅用了大约15年的时间，而同一过程其他国家却用了100多年的时间，这表明了我国在国际分工中的地位发生了质的变化。

第三，提升了中国服务贸易的国际竞争力。中国服务贸易的国际竞争力不断增强，2001年至2010年，中国服务贸易出口在世界服务贸易出口中的比重从2.4%提高到4.6%，从世界第12位上升到第4位；服务贸易进口比重从2.6%提高到5.5%，从世界第10位上升到第3位。

2. 扩大内需、拉动经济增长。改革开放以后，随着我国进出口贸易的快速扩张，进出口贸易总额和占GDP的比重大幅度提升，分别从1978年的355亿元和9.74% 提高到2011年的236402亿元和49.99%，进出口贸易作为需求因素在经济增长中的作用大幅度增强，成为影响国民经济增长的重要需求因素。

3. 优化了国内资源配置、提高了资源使用效率。进出口贸易使我国资源实现了从农业和轻工业向重工业的转移。我国是一个劳动力充裕、资本和原料匮乏的国家，在中国出口产品中，劳动密集型的纺织产品及出口加工贸易占有重要地位。我国劳动力的比较优势得到充分发挥，这种资源配置使我国的生产效率得到充分提高。

4. 加快了国民经济结构调整与优化。通过对外贸易，及时获取国际市场发展变化的信息，对我国出口商品结构、消费结构和产业结构的调整产生积极能动的导向作用，推动了国内经济结构升级，促进了国民经济市场化和结构合理化。

5. 外贸为我国提供大量就业岗位。据国务院发展研究中心课题组测算，在不考虑其他因素变化的情况下，外贸每增长一个百分点，就业将增长1.48个百分点。“十一五”期间，外贸直接带动就业超过8000万人，其中60%来自于农村转移劳动力。

6. 我国参与国际分工的程度逐步深入。我国参与国际分工的程度逐步深入，从产业间分工发展到产业内分工再发展到产品分工。改革开放初期，我国主要用初级产品换取工业制成品，与发达国家呈现“垂直型”的产业间分工状态。随着我国制造业的发展和竞争能力的提高，逐步形成了我国出口低档的、低附加价值的劳动密集型产品，进口高档的、高附加价值的资本、技术密集型产品的产业内贸易的局面。随着加工贸易逐渐成为我国的主要贸易方式，我国已经实现国际产品上的分工，只不过仍处于低端的加工装配环节。

（二）对贸易政策成本的评价

贸易政策成本指的是贸易政策的制定和实施给宏观经济运行带来的风险和损失，我国外贸政策成本主要表现在以下几个方面。

1. 对外贸易对我国环境带来了负面影响

我国对外贸易的迅速发展给我国的生态环境带来了一系列的负面影响。

第一，贸易通过进口带来生物入侵。生物入侵问题随着我国对外贸易的发展变得越来越严重，其所引发的生物灾害和生物安全问题也不断凸显。目前入侵到我国的外来物种高达400多种，危害较大的有100多种。在世界自然保护联盟公布的全球100种最具威胁的外来物种中，我国就有50余种。据农业部的最新统计，近年来入侵我国的外来生物正呈现传入数量增多、传入频率加快、蔓延范围扩大、发生危害加剧、经济损失加重等不良趋势。近10年来，新入侵我国的外来入侵生物达20余种，平均每年递增1—2种。我国已经成为遭受外来入侵生物危害最严重的国家之一①。

第二，贸易通过产品生产和出口带来环境问题。随着我国对外贸易和招商引资的不断发展，发达国家的外商投资企业通过投资于污染密集型行业不断将有害废物向我国转移，危险废物的跨境转移给我国生态环境带来严重危害。此外，过渡出口造成了对我国资源的掠夺性开采，造成了工业废水、废气和固体废弃物的巨额排放，我国能源的碳密度远高于其他发达国家（见表6-2）。

表6-2　　不同国家单位能耗的排碳量

国家	能源的碳密度
美国	15.22
欧盟	14.04
英国	14.93
日本	14.42
中国	20.45
印度	18.66
世界	15.67

资料来源：徐慧．中国进出口贸易的环境成本转移［J］．世界经济研究，2010（1）.

① 转引自《全球100种最具威胁的外来物种我国占一半》，http：//www.gov.cn/ztzl/2005-11/21/content_105265.htm.

第三，贸易通过运输对环境资源造成影响。对外贸易的迅速发展要求配套运输的不断跟进，而大部分运输工具所需要的动力能源是矿物燃料，这些燃料的开采和加工会加剧空气和水的污染，而这些燃料本身也属于不可再生资源。另外，在运输的过程中运输工具还会产生噪声污染，向大气和水体排放污染物等。铁路和公路的建设也会使土地资源和深层土壤结构受到影响。

第四，贸易带来消费性污染。消费性污染主要是进口国的消费者消费进口产品而给环境带来的污染。对外贸易的发展和经济的增长提高了人们的生活水平，使消费者的选择更加多元化，但也带来了消费性污染，因消费而导致的包装污染、残余污染、废弃污染已成为当今消费污染的三大污染源。处理这些污染垃圾需要大量的成本，有时又产生新的污染，从而造成环境污染恶性循环。

2. 巨额的国际贸易顺差加大了人民币升值压力

巨额的贸易顺差为中国带来了巨额的外汇储备。在有管理的浮动汇率制度下，中国外汇市场供给大于需求，巨额的贸易顺差导致了人民币需求增加，进而给人民币带来了升值压力。人民币升值的预期又会加大外资的不断流入和贸易顺差的进一步扩大，反过来进一步增强了人民币升值的压力。

3. 导致贸易摩擦升级

面对我国对外贸易的迅速发展以及长期的贸易顺差，贸易伙伴国不断采取各种保护性措施限制我国出口，保护它们国内产业的发展，使得我国与贸易伙伴国的贸易摩擦不断升级。入世以来（截至 2011 年 10 月），中国遭受国外贸易救济调查的案件 747 起，涉案金额 429 亿美元，连续 16 年成为全球遭遇反倾销调查最多的国家，连续5 年成为全球遭遇反补贴调查最多的国家。近年来，美欧等与中国在自主创新政策、知识产权保护等制度方面的摩擦不断增加。

4. 贸易带来的收入差距增大

根据世界银行的报告，中国的收入差距在不断扩大，20 世纪 80 年代初中国的基尼系数为 0.291，90 年代初期为 0.3248，而到了 21 世纪初就已经突破了国际警戒线水平，达到了 0.426 的水平（见表 6－3）。中国的收入差距问题虽然是由多方面的原因造成的，但对外贸易的发展是一个非常重要的原因。

（三）对中国贸易政策有效性的初步评价

对贸易政策有效性的评价应该既考虑贸易政策的成本，又要考虑贸易政策的结果。在新中国成立初期到改革开放以来，由于经济的大环境，中国采用了相对封闭的贸易政策，极大地限制了微观经济主体能动性和创造性的发挥，因此，当时的贸易政策是低效的。改革开放以来，中国政府展开了以产权改革为重心的市场化改革，大大提高了贸易政策的效率。作为中国整体经济政策的一个重要组成部分，中国贸易政策虽然带来了生态环境恶化、人民币升值压力加大、收入差距拉大等多方面的一系列的负面影响，但促进了对外贸易的跨越式发展，极大地推动了中国的经济增长，同时改善了国民经济结构，加深了我国参与国际分工的程度，优化了国内资源配置，提高了资源使用效率。综合考虑贸易政策的成本和结果，我们认为现行中国贸易政策整体上是有效的。

表 6－3　　中国的基尼系数①

	1981 年	1984 年	1987 年	1990 年	1993 年	1996 年	2002 年	2005 年
基尼系数	0. 2911	0. 2769	0. 2985	0. 3243	0. 355	0. 357	0. 4259	0. 4248

资料来源：世界银行网站，www. worldbank. org。

二、中国贸易政策的制度稳定性分析

一个完整的政策稳定评价框架应该包括政策的波动性、政府的承诺以及政策的一致性三个方面（Borja，2005），但是因为缺少对政策承诺和政策一致性的统一界定标准和衡量指标，本书将主要从政策的波动性角度对中国现行贸易政策的稳定性进行分析。在衡量政策波动性方面有两种方法：一是使用贸易政策指标的实际值与预期值偏离的绝对值来衡量，这种方法比较适合于时间序列分析。二是选取不同界面（一般是 3 年或 5 年）计算原始数据的变异系数（Berggren，2012），这种方法适合于面板数据分析。我们将采用这两种方法来考察和评价中国现行贸易政策的波动性，限于数据的可得性，这里将 1995 年作为考察的起始年。

图 6－1 和图 6－2 描绘了 1995—2012 年中国贸易政策的波动性，两图在体现政策波动性方面的作用基本是一致的。由图可知，中国贸易政策波动性较大的两个时间段是 1995—1997 年、2004—2006 年。我国的贸易政策之所以在这两个时间段出现较大的波动性，原因如下：第一个阶段出现较大的波动性是因为新一轮的改革和开放推动我国的外贸体制向社会主义市场经济体制和国际贸易规范方向转移，为我国加入世贸组织作好各项准备，因此我国的外贸政策在这

① 其他年份的基尼系数，世界银行没有列出。

一时期发生了重大的变化。我国贸易政策也发生了重要的变化，主要体现在多次大幅度自主降低关税和减少非关税壁垒，实行更加自由而开放的贸易政策。第二个阶段出现较大的波动性是因为按照入世承诺，中国工业品的平均关税要降至 8.9%，农业产品的平均关税降至 15%，信息技术产品关税最迟于 2005 年被取消，2005 年以前还要取消招标要求、进口许可证要求以及所有的进口配额。

从我国外贸政策 60 年的变迁历程可以看出我国的外贸政策由新中国成立初期的保护性贸易政策逐渐转变为现在的有协调管理的一般自由贸易政策，这是我国的贸易政策适应外界经济大环境变化的结果。但从上面的分析来看，在“协调管理的一般自由贸易政策”的大原则下，我国现行的贸易政策保持了相对稳定。

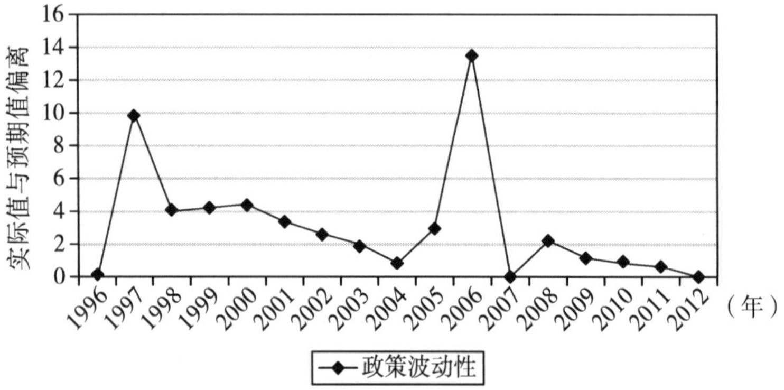

图 6－1　中国贸易政策的波动性

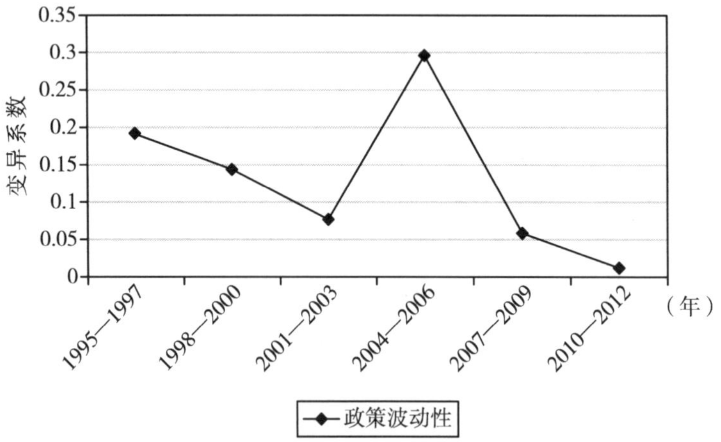

图 6－2　中国贸易政策的波动性

第三节　中国贸易政策的制度质量评价Ⅱ：定量分析

在此，我们将运用扩展的引力模型来实证检验中国贸易政策的制度质量状况：首先，对中国现行贸易政策的有效性和稳定性分别进行检验；其次，将有效性与稳定性整合于一体，在有效性与稳定性统一的分析框架下，考察中国现行贸易政策的整体制度质量。

一、中国贸易政策的制度有效性考察

根据前述有关贸易政策有效性的评价标准，我们对贸易政策制度质量的评价可以从结果、成本和效益等方面进行评价。鉴于有关数据的实际可获得性，本部分将主要从贸易政策的结果进行分析和评价，主要从中国现行贸易政策的出口效应方面来探讨有效性。

30 多年来，我国的贸易政策随着改革开放的深入和经济领域的变革而不断进行调整，对外贸易飞速发展，进出口总额从 1978 年的 206.4 亿美元上升到 2011 年的 36421 亿美元，增长了 175 倍（见表 6－4）。对外贸易已经成为推动中国经济增长的重要动力之一。

表 6－4　　1978—2011 年中国出口额和对外贸易额　　单位：亿美元

年份	中国对外贸易总额	出口总额
1978	206.4	97.5
1980	381.4	181.2
1985	696	273.5
1990	1154.4	620.9
1992	1655.3	849.40
1994	2366.2	1210.06
1995	2808.6	1487.79
1996	2898.8	1510.47
1997	3251.6	1827.92

续表

年份	中国对外贸易总额	出口总额
1998	3239.5	1838.09
1999	3606.3	1949.31
2000	4742.9	2492.03
2001	5096.5	2660.98
2002	6207.7	3255.96
2003	8509.9	4382.28
2004	11545.5	5933.26
2005	14219.1	7619.53
2006	17604.4	9689.36
2007	21765.7	12200.60
2008	25632.6	14306.93
2009	22075.4	12016.47
2010	29740	15777.64
2011	36418.6	18983.88

资料来源：《中国统计年鉴 2012》。

中国也是世界范围内国际贸易增长中最显眼的“亮点”，在全球贸易总量中的排名不断攀升，尤其是 2001 年加入世贸组织以来，中国在全球贸易中的排名以年升一位的速度上升，目前中国在全球贸易总量中的排名已经由 1978 年的第 32 位上升到 2011 年的第 2 位。

本部分将采用扩展的引力模型，把贸易政策的有效性纳入模型之中，分析中国的贸易政策有效性对中国与世界 97 个国家和地区出口贸易的影响。

（一）变量说明和数据来源

1. 被解释变量——中国对世界各国或地区的出口额 EXPORT

该数据来源于联合国贸易统计库（http：//comtrade.un.org），在实际使用中取其对数值，即使用 LNEXPORT 作为被解释变量。

2. 贸易政策的制度质量——有效性 INSTI

和第五章类似，本章仍然使用经济自由度指数项下的贸易自由度子指标作为贸易政策制度质量的代理指标。

经济自由度指数是由美国传统基金会和《华尔街日报》联合发布的年度报

告，是全球比较权威的评价经济自由度的指标之一。2012 年的年度报告涵盖了 184 个国家（地区），是涵盖范围最广的经济自由度指数。经济自由度指数从企业运营自由度、贸易自由度、财政自由度、政府支出、货币自由度、投资自由度、金融自由度、知识产权、政府的廉洁度、劳工自由度等 10 个指标来考察一国或地区的经济自由度。这 10 个子指标的取值范围相同，都为 1—100，一国在某项指标上的分值越低，表明政府对该领域的干预越少，相应地，该领域的自由度也就越高。总的经济自由度系数是对各个子指标的分值进行累加再求平均数而得到的。

3. 控制变量

（1）中国的国内生产总值（GDPC）。Frankel 和 Romer（1999）认为如果一国的经济增长强劲，那么它的对外贸易也会迅速扩张。因此我们使用中国的 GDP 水平作为其中的一个控制变量。在实际应用中，我们对中国的 GDP 取对数，即使用 LNGDPC 作为控制变量，预期其系数符号为正。

（2）出口目的国的国内生产总值（GDPI）。出口目的国的国内生产总值反映了该国或地区的进口需求能力，一般而言，一国的经济规模总量越大，潜在的进口能力也就越大。在实际应用中，我们对出口目的国的 GDP 取对数，即使用 LNGDPI 作为控制变量，预期其系数符号为正。

（3）中国与出口目的国的人均 GDP 之差（PGDP）。中国与出口目的国的人均 GDP 之差反映了由人均收入水平决定的双方需求水平的接近程度。根据瑞典经济学家林德尔的“偏好相似理论”，作为国内贸易的延伸，两国之间的贸易量的大小取决于两国需求结构的接近程度，而两国的需求偏好是否相似又取决于两国的收入水平是否接近。两国的人均收入水平越接近，需求结构就越相似，重叠需求就越多，两国之间进行贸易的基础就越雄厚。该值越小说明代表性需求越容易发生重叠，于是产业内贸易产生的可能性越大。在实际应用中，我们对 PGDP 取对数，即使用 LNPGDP 作为控制变量，预期其系数符号为负。

（4）中国与出口目的国之间的距离（DIST）。中国与出口目的国之间的距离通常代表运输成本的高低，一般而言，两国距离越远，运输成本越高，两国之间的贸易量就越小，预期符号为负。在实际应用中，我们对 Dist 取对数，即使用 LNDIST 作为控制变量，预期其系数符号为负。

（5）中国与出口目的国是否拥有共同的边界（BORDER）。BORDER 为虚拟变量，表示中国与出口目的国是否拥有共同的边界。如果是，值取 1，否则取 0。

当两国拥有共同的边界时，贸易成本将大幅度下降，双边贸易流量因而会明显增加，预期其系数符号为正。

（6）中国与出口目的国是否具有共同的官方语言（COMLANG）。COMLANG 为虚拟变量，表示中国与出口目的国是否拥有共同的官方语言。如果是，值取 1，否则取 0。当中国与出口目的拥有共同的语言时，会降低双方的交易成本，双边贸易流量会上升，预期其系数符号为正。

以上各控制变量中，中国的国内生产总值（GDPC）、出口目的国的国内生产总值（GDPI）、中国与出口目的国的人均 GDP 之差（PGDP）的数据来源于世界银行网站（www. worldbank. org），中国与出口目的国之间的距离（DIST）、中国与出口目的国是否拥有共同的边界（BORDER）、中国与出口目的国是否具有共同的官方语言（COMLANG）的数据来源于 CEPII 网站。

（二）样本

本书选取了占中国出口总额 90% 以上的 97 个国家和地区作为中国的出口目的国和地区，由于贸易自由度指数自 1995 年起开始公布。为了保持与政策有效性、稳定性整合于一起分析的一致性，本书选取 1997—2011 年的样本数据，这样，本书的实际观测样本容量为 15 × 97 = 1455 个观测值。

（三）模型设定

最基本的国际贸易引力模型的自然对数形式一般表示为如下形式：

$$LNTRADE_{ij} = \beta_0 LNY_i + \beta_1 LNY_j + \beta_2 LNDIST_{ij} + \mu_{ij} \tag{6-1}$$

根据本书的研究目的，通过逐渐引入新的解释变量，将原始的国际贸易引力模型进行扩展，得到扩展的引力模型如下：

$$LNEXPORT_{cit} = \beta_0 lnGDP_{ct} + \beta_1 lnGDP_{it} + \beta_2 lnDIST_{ci} + \beta_3 lnPGDP + \xi_i + \mu_{it} \tag{6-2}$$

$$LNEXPORT_{cit} = \beta_0 LNGDP_{ct} + \beta_1 LNGDP_{it} + \beta_2 LNDIST_{ci} + \beta_3 LNPGDP + \beta_4 INSTI_c + \xi_i + \mu_{it} \tag{6-3}$$

其中，β_0、β_1、β_2、β_4 为估计系数；假定，$\xi_i \sim i.i.d(0,\ \sigma_\xi^2)$，$\mu_{it} \sim i.i.d(0,\ \sigma_\mu^2)$，$E(\xi_i \mu_{it}) = 0$，i 和 t 分别表示地区和时间下标。$i = 1, 2, \cdots, 97$；$t = 1, 2, \cdots, 15$。

（四）模型估计结果

对上述模型进行估计，结果如表 6－5 所示。

表 6 - 5　　　　中国贸易政策的有效性

LNEXPORT	基准引力模型	扩展引力模型 1	扩展引力模型 2
C	-6.354**	-8.951***	-4.074***
LNGDPC	1.070***	1.083***	0.424***
LNGDPI	0.864***	0.884***	0.885***
LNDIST	-0.870***	-0.584***	-0.585***
LNPGDP		-0.044***	-0.045***
COMLANG		1.975***	1.978***
BORDER		0.502***	0.500***
INSTI			0.032***
样本数	1455	1455	1455
$\overline{R}^2$	0.87	0.89	0.90

注：***、**、* 分别表示在 1%、5%、10% 的水平上显著。

表 6 - 5 中第一列为基准引力模型的估计结果，第二列为引入了 LNPGDP、COMLANG 和 BORDER 三个解释变量之后扩展引力模型 1 的估计结果，第三列为在扩展引力模型 1 基础上加入变量 INSTI 后的扩展引力模型 2 的估计结果。

通过观察这三列，可以发现：

LNGDPC、LNGDPI 在三个模型中的系数均为正，且都在 1% 的水平上显著；LNDIST 在三个模型中的系数均为负，和预期符号相符，且都在 1% 的水平上显著。这表明中国对目的国的出口额在经验上与国际贸易引力模型理论完全相符。

LNPGDP 的系数在第二列和第三列中均为负，和预期符号相符，且都在 1% 的水平上显著。这说明中国对目的国的出口符合林德尔的“需求偏好相似理论”，同时也说明产业内贸易在中国对外贸易中占据重要的位置。

COMLANG 和 BORDER 的系数在三列中均为正，和预期符号相符，且都在 1% 的水平上显著。这表明拥有相同的官方语言和拥有共同的边界都能大幅度降低贸易成本，提高交易效率。

观察我们最关注的变量 INSTI，发现系数为 0.032，在 1% 的水平上显著为正。这说明中国贸易政策制度质量——制度有效性对对外贸易有显著的正向拉动作用，贸易自由度越高，对外贸易商所面临交易的不确定性和交易成本就越低，因此对外贸易就越活跃。贸易自由度越低，掠夺行为就越严重，合同的执行就越不完全，进而对对外贸易就越有害，因为它增加了对外贸易的成本和风险。

将第二列和第三列进行比较，可以发现在方程中加入 INSTI 变量以后，除了 LNGDPC 之外的其他几个变量的系数几乎没有变化，LNGDPC 的系数变动较大，由原来的 1.083 下降为 0.424。这说明中国经济增长对出口增长的强劲促进作用有一部分归功于贸易政策的制度质量，即贸易政策有效性的发挥一方面表现为对对外贸易的直接促进作用，另一方面则表现为对对外贸易的间接促进作用，通过促进经济增长进而促进对外贸易。为了进一步验证这一点，我们将扩展引力模型 2 中的 LNGDPC 变量删除，来观察 INSTI 系数的变动情况（见表 6－6）。在将 LNGDPC 变量从模型中删除后，我们发现 INSTI 的系数由原来的 0.032 提高到了 0.050。这充分说明了贸易政策对对外贸易的促进作用有一部分是通过促进经济增长而间接发挥的。

表 6－6　　　　中国贸易政策的有效性

LNEXPORT	基准引力模型	扩展引力模型 1	扩展引力模型 2	变量影响
C	−6.354**	−8.951***	−4.074***	−0.884***
LNGDPC	1.070***	1.083***	0.424***	
LNGDPI	0.864***	0.884***	0.885***	0.886***
LNDIST	−0.870***	−0.584***	−0.585***	−0.584***
LNPGDP		−0.044***	−0.045***	−0.043***
COMLANG		1.975***	1.978***	1.975***
BORDER		0.502***	0.500***	0.503***
INSTI			0.032***	0.050***
样本数	1455	1455	1455	1455
$\overline{R}^2$	0.87	0.89	0.90	0.9

注：***、**、*分别表示在 1%、5%、10% 的水平上显著。

二、中国贸易政策的制度稳定性考察

贸易政策的稳定性在一定程度上体现了贸易政策执行主体对贸易政策的认同和接受程度，因此贸易政策的稳定性是贸易政策得以有效执行的前提条件之一。有效的贸易政策是贸易促进型的，然而，一般来说，要提高贸易政策的制度质量，一国必须经历一系列的政策改革和由此产生的一段时期的政策不稳定。政策变革和因而产生的政策不稳定性对一国的对外贸易会产生一定的影响。贸易政策的变革有可能是正向的，即政策变革反映的是对不断变化环境的适应，也有可能是负向的，即使是对对外贸易和长期经济增长有利的正向的政策变革，在短期内也可能会因为政策的不稳定而产生阻碍对外贸易发展的转型成本。

本部分将继续采用扩展的引力模型，把贸易政策的稳定性纳入模型之中，分析中国的贸易政策稳定性对中国与世界 97 个国家和地区出口贸易的影响。

（一）变量说明和数据来源

1. 贸易政策的制度质量——稳定性 Stab

贸易政策的稳定性较难测量，一个完整的政策稳定分析框架应该包括政策的波动性、政府的承诺以及政策的一致性三个方面（Borja，2005），但是因为缺少对政策承诺和政策一致性的统一界定标准和衡量指标，本书将针对政策的波动性进行分析。此处借鉴 Niclas Berggren（2009）的方法，使用贸易政策制度质量的变异系数或称标准差率来作为贸易政策稳定性的代理指标。变异系数描述的是偏移量与均值之间的关系，变异系数越大，说明偏移得越厉害。因而贸易政策制度质量的变异系数越大，则说明政策的稳定性越差，值越小，表明政策的稳定性越好。由于贸易政策的不稳定性会增加交易中的不确定性，因此即使是对长期贸易发展有利的贸易政策变革，在短期内也可能会因为政策的不稳定性产生阻碍贸易发展的转型成本，因此预期贸易政策稳定性 Stab 的系数为负。

贸易政策制度质量的原数据仍然来源于经济自由度指数项下的贸易自由度子指标，但使用 1997—2011 年平均每 3 年的数据来计算中国贸易政策的变异系数。

2. 控制变量

控制变量的选取及数据来源与贸易政策的有效性部分相同，不同的是与贸易政策的稳定性数据相对应，使用 1997—2011 年平均每 3 年的数据。

（二）样本

本书选取了占中国出口总额 90% 以上的 97 个国家和地区作为中国的出口目的国和地区。虽然贸易自由度指数自 1995 年起开始公布，但为了计算贸易政策变异系数的需要，使用平均每 3 年的数据，因此选取时间范围为 1997—2011 年，这样可以构成5组有效的时间区间。本部分的实际观测样本容量为 $5\times97=485$ 个观测值。

（三）模型设定

最基本的国际贸易引力模型的自然对数形式一般表示为如下形式：

$$LNTRADE_{ij}=\beta_0 LNY_i+\beta_1 LNY_j+\beta_2 LNDIST_{ij}+\mu_{ij} \tag{6-4}$$

根据本书的研究目的，通过引入新的解释变量，将原始的国际贸易引力模型进行扩展，得到扩展的引力模型如下：

$$LNEXPORT_{cit}=\beta_0 LNGDP_{ct}+\beta_1 LNGDP_{it}+\beta_2 LNDIST_{ci}+\beta_3 LNPGDP+\xi_i+\mu_{it} \tag{6-5}$$

$$LNEXPORT_{cit}=\beta_0 LNGDP_{ct}+\beta_1 LNGDP_{it}+\beta_2 LNDIST_{ci}+\beta_3 LNPGDP+\beta_4 STAB+\xi_i+\mu_{it} \tag{6-6}$$

其中 β_0、β_1、β_2、β_4 为估计系数；假定，$\xi_i\sim i.i.d(0,\sigma_\xi^2)$，$\mu_{it}\sim i.i.d(0,\sigma_\mu^2)$，$E(\xi_i\mu_{it})=0$，i 和 t 分别表示地区和时间下标。$i=1,2,\cdots,97$；$t=1,2,\cdots,5$。

（四）模型估计结果

对上述模型进行估计，结果如表6-7所示。

表6-7中第一列为基准引力模型的估计结果，第二列为引入了 LNPGDP、COMLANG 和 BORDER 三个解释变量之后扩展引力模型1的估计结果，第三列为在扩展引力模型1基础上加入 STAB 后的扩展引力模型2的估计结果。

通过观察这三列，可以发现：

LNGDPC、LNGDPI 在三个模型中的系数均为正，且都在1%的水平上显著；LNDIST 在三个模型中的系数均为负，和预期符号相符，且都在1%的水平上显著。这表明中国对目的国的出口额在经验上与国际贸易引力模型理论完全相符。

LNPGDP 的系数在第二列和第三列中均为负，和预期符号相符，虽然在第二列中该变量不具有统计意义上的显著性，但在第三列又在10%的水平上显著。这说明中国对目的国的出口基本符合林德尔的“需求偏好相似理论”，同时也说明了产业内贸易在中国对外贸易中占据重要的位置。

COMLANG 和 BORDER 的系数在三列中均为正，和预期符号相符，且都在1%的水平上显著。这表明拥有相同的官方语言和拥有共同的边界都能大幅度降低贸易成本，提高交易效率。

表 6－7　　　　　　　　中国贸易政策的稳定性

LNEXPORT	基准引力模型	扩展引力模型 1	扩展引力模型 2
C	2.618***	－0.375	2.209***
LNGDPC	0.088***	0.087***	0.044***
LNGDPI	0.918***	0.897***	0.883***
LNDIST	－0.800***	－0.505***	－0.570***
LNPGDP		－0.047	－0.039*
COMLANG		1.829***	1.957***
BORDER		0.624***	0.511***
INSTI			－17.010***
样本数	485	485	485
$\overline{R}^2$	0.79	0.81	0.90

注：***、**、* 分别表示在 1%、5%、10% 的水平上显著。

观察我们最关注的变量 STAB，发现其系数为－17.010，且在 1% 的水平上显著，这说明 STAB 值越小，政策的稳定性越好，对出口就越有利，即贸易政策的稳定性对贸易发展具有促进作用。具有稳定性的贸易政策能使人们容易形成对未来交易的预期，进而降低交易的不确定性。另外，我们还发现在模型中加入 STAB 变量后，LNGDPC 的系数变动较大，由原来的 0.084 下降为 0.044。这说明中国经济增长对出口增长的强劲促进作用有一部分需要归功于贸易政策的制度稳定性，即贸易政策稳定性作用的发挥一方面表现为对外贸的直接促进作用，另一方面表现为对外贸的间接促进作用，通过促进经济增长来促进对外贸易。

三、中国贸易政策的制度质量二维考察

从政策变革的角度来看，政策的有效性与政策稳定性是一个有机的整体。稳定性是有效政策的主要特性，是政策存在的理由，因为政策多变意味着约束多变、信息多变、激励多变，会使人们难以进行选择。而稳定的政策则使人们容易形成对未来的预期，从而降低经济行为的不确定性。人类的社会生活无法在缺乏稳定性秩序的社会中进行，政策存在的理由便是政策的稳定性功能。

政策稳定性是以制度有效性为基础的，只是出于对更高有效政策的追求，

政策创新的过程才得以产生。作为微观主体的行为规则和规范，政策是现实的和具体的。经济主体需要政策的稳定性，但有可能被政策的稳定性所困扰。原因在于随着外在条件和环境的变化，原有的政策会逐渐失去原有的功能，这样原来有效的政策就会变成现在低效的政策。这就要求人们去采取行动，来打破或者改变旧的政策，制定和实施新的政策，这就是政策变革的过程。

本部分将继续采用扩展的引力模型，把中国现行贸易政策有效性与稳定性整合于一体，同时纳入模型，建立一个有效性与稳定性统一的制度质量分析框架，分析贸易政策制度质量的二维属性如何同时影响我国对外贸易的发展。

（一）变量说明和数据来源

1. 贸易政策的制度质量——有效性 INSTI

贸易政策制度质量——有效性维度的数据说明与前面相同，数据仍然来源于经济自由度指数项下的贸易自由度子指标。不同的是，本部分使用 1997—2011 年平均每 3 年的数据来计算中国贸易政策的有效性，以便和贸易政策的稳定性相统一。

2. 贸易政策的制度质量——稳定性 STAB

贸易政策制度质量——稳定性维度的数据说明与前面相同，数据仍然来源于经济自由度指数项下的贸易自由度子指标，同样使用 1997—2011 年平均每 3 年的数据来计算中国贸易政策的变异系数，作为中国贸易政策稳定性的代理指标。

3. 控制变量

控制变量的选取及数据来源与贸易政策的有效性部分相同，不同的是使用 1997—2011 年平均每 3 年的数据。

（二）样本

本书选取了占中国出口总额 90% 以上的 97 个国家和地区作为中国的出口目的国和地区。虽然贸易自由度指数自 1995 年起开始公布，但为了计算贸易政策变异系数的需要，使用平均每 3 年的数据，因此选取时间范围为 1997—2011 年，这样可以构成 5 组有效的时间区间。本部分的实际观测样本容量为 $5 \times 97 = 485$ 个观测值。

（三）模型设定

最基本的国际贸易引力模型的自然对数形式一般表示为如下形式：

$$LNTRADE_{ij} = \beta_0 LNY_i + \beta_1 LNY_j + \beta_2 LNDIST_{ij} + \mu_{ij} \tag{6-7}$$

根据本书的研究目的，通过引入新的解释变量，将原始的国际贸易引力模型进行扩展，得到扩展的引力模型如下：

$$LNEXPORT_{cit} = \beta_0 LNGDP_{ct} + \beta_1 LNGDP_{it} + \beta_2 LNDIST_{ci} + \beta_3 LNPGDP + \xi_i + \mu_{it} \quad (6-8)$$

$$LNEXPORT_{cit} = \beta_0 LNGDP_{ct} + \beta_1 LNGDP_{it} + \beta_2 LNDIST_{ci} + \beta_3 LNPGDP + \beta_4 INSTI + \beta_5 STAB + \xi_i + \mu_{it} \quad (6-9)$$

其中 β_0、β_1、β_2、β_4 为估计系数；假定，$\xi_i \sim i.i.d(0,\sigma_\xi^2)$，$\mu_{it} \sim i.i.d(0,\sigma_\mu^2)$，$E(\xi_i\mu_{it})=0$，i 和 t 分别表示地区和时间下标。$i=1,2,\cdots,97$；$t=1,2,\cdots,5$。

（四）模型估计结果

对上述模型进行估计，结果如表 6－8 所示。

表 6－8　　中国贸易政策的有效性与稳定性

LNEXPORT	(1)	(2)	(3)	(4)	(5)
C	2.618***	−0.375	−0.700	2.209***	−1.312
LNGDPC	0.088***	0.084***	0.039**	0.044***	0.055*
LNGDPI	0.918***	0.897***	0.881***	0.883***	0.881***
LNDIST	−0.800***	−0.505***	−0.575***	−0.570***	−0.575***
LNPGDP		0.047*	−0.045*	−0.039*	−0.045**
COMLANG		1.829***	1.966***	1.957***	1.967***
BORDER		0.624***	0.502***	0.511***	0.502***
INSTI			0.053***		0.064***
STAB				−17.010***	−3.728
样本数	485	485	485	485	485
$\bar{R}^2$	0.79	0.81	0.90	0.90	0.90

注：***、**、* 分别表示在 1%、5%、10% 的水平上显著。

表 6－8 中第一列为基准引力模型的估计结果，第二列为引入了 LNPGDP、COMLANG 和 BORDER 三个解释变量之后扩展引力模型 1 模型估计结果，第三列为在扩展引力模型 1 基础上加入 INSTI 后的估计结果，第四列为在扩展引力模型 1 基础上加入 STAB 后的估计结果，第五列为在扩展引力模型 1 基础上把中国现行贸易政策有效性与稳定性同时纳入模型的估计结果。观察以上各列可以发现：

（1）LNGDPC、LNGDPI 在以上各列中系数均为正，和预期符号相符，且都在至少 5% 的水平上显著；LNDIST 在以上各列中系数均为负，和预期符号相符，且都在 1% 的水平上显著。这表明中国对目的国的出口额在经验上与国际贸易引力模型理论完全相符，即一国的经济增长越迅速，其对外贸易发展也就越快，一国的经济规模就越大，进口能力也就越强。两国之间的地理距离越远，贸易的运输成本也就越高，也就越阻碍两国之间的贸易。

（2）LNPGDP 的系数在三列中均为负，和预期符号相符，且都在 1% 的水平上显著。这说明中国对目的国的出口符合林德尔的“需求偏好相似理论”，同时也说明了产业内贸易在中国对外贸易中占据重要的位置。

（3）COMLANG 和 BORDER 的系数在三列中均为正，和预期符号相符，且都在 1% 的水平上显著，这表明拥有相同的官方语言和拥有共同的边界都能大幅度降低贸易成本，提高交易效率。

（4）观察表中第三列，没有考虑政策的稳定性，仅仅在模型中加入政策的有效性 INSTI，发现 INSTI 的系数为正，其值为 0.053 且在 1% 的水平上显著，对比表 6－4 中的第三列，INSTI 的系数为 0.032，在 1% 的水平上显著为正，发现两个系数除了值不同外，系数符号和显著性都是无异的。之所以出现系数值不同，是因为表 6－4 中的数据是 1997—2011 年度数据，而表 6－8 中所使用的数据为 1997—2011 年平均每 3 年的数据。这说明不管是使用年度数据还是平均每 3 年的组数据，贸易政策制度质量都显示出对出口有显著的正向拉动作用，一国的贸易自由度越高，外贸易商所面临交易的不确定性和交易成本就越低，因此该国的对外贸易就越活跃。一国的贸易自由度越低，掠夺行为就越严重，合同的执行就越不完全，进而对该国的对外贸易有害，因为它增加了对外贸易的成本和风险。

观察表 6－8 第 5 列，在这一列中我们把中国现行贸易政策的有效性与稳定性同时纳入模型，建立一个有效性与稳定性统一的制度质量分析框架，来分析贸易政策制度质量的二维属性对我国的出口有何影响。通过观察我们发现：①第 5 列中 LNGDPI、LNDIST、BORDER 和 COMLANG 这 4 个变量无论是系数符号、系数大小还是显著水平，与前几列相比都没有明显的变化。②变化最大的是 INSTI、STAB 和 LNGDPC 3 个变量，其中 INSTI 和 STAB 是我们重点关注的变量。我们发现和第三列相比，INSTI 的系数值明显增大，由 0.053 增加到 0.064，但是 STAB 的系数由原来的 －17.010 减小到 －3.728，另外显著性也由 1% 的水平上显著变得不显著，原因何在？经过思考，我们认为可能的解释是：贸易政策的有效性和稳定性在发挥作用时相互影响，是一个有机的整体：一方面，稳定的贸易政策通过帮助人们形成对未来的稳定预期，降低交易中的不确定性，进而提高贸易政策的有效性；另一方面，有效的贸易政策可以减少政策的不稳定给贸易发展带来的冲击，进而能够大大降低不稳定贸易政策对贸易的负面作用。③观察 LNGPDC 变量，我们发现和基础模型中的系数相比，表中第三、四、五列 LNGDPC 的系数都有不同程度的下降，对于第三、四列中 LNGDPC 的系数下降的原因我们认为是经济增长对出口增长的强劲促进作用中有一部分需要归功于贸易政策的有效性和稳定性。按照这一分析，同时将政策有效性和政策稳定性纳入到模型中，第五列 LNGDPC 的系数应该比第三列和第四例更小（因为贸易政策有效性和稳定性同时通过经济增长而间接地对贸易发展起着促进作用），但事实上我们发现第五列的 LNGDPC 的系数大于第三列和第四列的系数，对于这一现象，我们暂时无法作出解释。

四、实证研究结论

本部分我们运用扩展的引力模型，使用 1997—2011 年中国对 97 个国家和地区出口额数据对中国贸易政策的有效性和稳定性分别进行了检验，然后把中国现行贸易政策有效性与稳定性整合于一体，同时纳入模型，建立了一个有效性与稳定性统一的制度质量分析框架，分析了贸易政策制度质量的二维属性对我国对外贸易发展的影响。相关实证分析表明：

第一，制度有效性变量 INSTI 在模型中显著为正。这说明中国贸易政策制度质量对外贸发展有显著的正向拉动作用，贸易自由度高，对外贸易企业面临交易的不确定性降低，因而交易成本就降低，对外贸易就活跃。贸易自由度越低，掠夺行为就越严重，合同的执行就越不完全，进而对外贸易就越有害，因为它增加了对外贸易的成本和风险。

第二，中国经济增长对出口增长的强劲促进作用有一部分需要归功于贸易政策的制度质量，即贸易政策有效性的发挥一方面表现为对外贸易的直接促进作用，另一方面表现为对外贸易的间接促进作用，通过促进经济增长进而促进外贸发展。

第三，中国贸易政策稳定性在模型中显著为负，说明贸易政策的稳定性越好，对出口就越有利，即贸易政策的稳定性对贸易发展具有促进作用。

第四，贸易政策的有效性和稳定性在发挥作用时相互影响，是一个有机的整体：一方面，稳定的贸易政策通过帮助人们形成对未来的稳定预期，降低交易中的不确定性，进而提高贸易政策的有效性；另一方面，有效的贸易政策可以减少政策的不稳定给贸易发展带来的冲击，能够大大降低不稳定贸易政策对贸易的负面作用。

第七章　贸易相关政策的制度质量考察

本章将在前面对中国贸易政策的制度质量总体考察的基础上，选择有关具体的贸易政策——关税政策、出口退税政策及合约实施制度，对我国贸易有关具体政策进行制度质量的考察。

第一节　我国关税政策的制度质量考察

一、对关税政策的有效性评价

（一）对关税政策结果的评价

我国现行关税政策的主要目标有三个：保护幼稚产业、维持就业水平和降低福利损失。为了履行入世承诺，我国多次降低关税水平（见表7－1），2009年关税税率降至9.8%，此后一直维持在这一水平，但是和美国3.1%以及欧盟8.9%的关税水平相比仍偏高，对本国的幼稚产业依然起着保护作用。关税减让对就业水平的影响是双重的：从短期来看，关税减让使国内的相关产业受到了冲击，带来结构性失业，增加了社保负担；另一方面，关税减让增加了国际贸易流量和来自国外的投资，进而增加了就业岗位，所以关税减让起了优化就业结构的作用。关税减让会增加消费者的剩余，减少生产者剩余，降低政府的财政收入，但总地来看，社会福利增加了（见图7－1）。

图7－1中，横轴代表产量，纵轴代表价格。在没有进行关税减让之前，中国的国内产品价格为P_0，生产量为Q_2，需求量为Q_3，进口量为Q_3-Q_2，政府关税收入为c＋e。实行关税减让后，假设价格由P_0降到P_1，此时国内产量为Q_1，

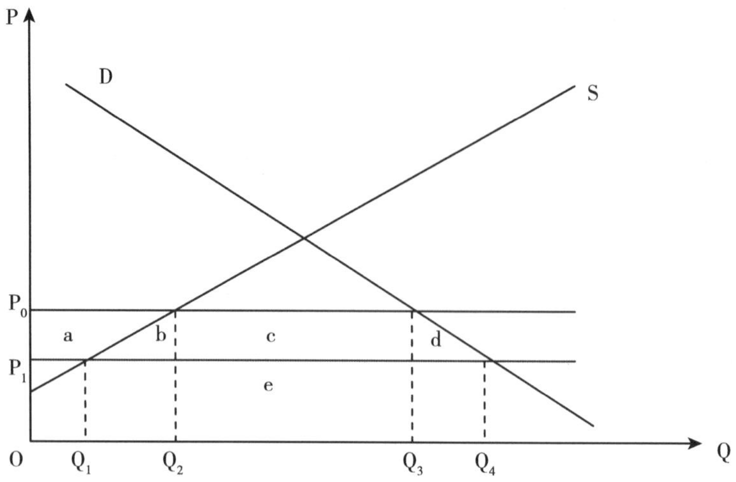

图 7－1　关税减让的福利效应

需求量为 Q_4，进口数量为 Q_4-Q_1。和关税减让前相比，生产者剩余减少 a，消费者剩余增加 a＋b＋c＋d，政府税收减少 c，社会净福利增加了 b＋d。由此可见，关税减让是与中国降低福利损失目标相一致的。通过以上分析可以发现，我国现行的关税政策基本上实现了预期的三个目标。

表 7－1　　　　　中国 1992—2011 年消减关税情况

年度	算术平均关税税率（%）	关税收入（亿元）
1992	43.2	212.75
1993	39.9	256.47
1994	35.6	272.68
1995	35.6	291.83
1996	23.2	301.84
1997	17.3	319.49
1998	17.3	313.04
1999	16.7	562.23
2000	16.4	750.48
2001	15.3	840.52
2002	12	704.27
2003	11	923.13
2004	10.4	1043.77

续表

年度	算术平均关税税率（%）	关税收入（亿元）
2005	9.9	1066.17
2006	9.9	1141.78
2007	9.8	1432.57
2008	9.8	1769.95
2009	9.8	1483.81
2010	9.8	2027.83
2011	9.8	2559.12

资料来源：历年《中国统计年鉴》。

（二）对关税政策成本的评价

我国在加入世界贸易组织前后多次降低关税税率，在关税减免政策方面除了政策本身的研究、制定和执行费用之外，主要付出的成本应该是财政收入的损失方面。但是关税水平的下降和关税收入的减少并不存在必然的联系，即高关税并不一定意味着高税收收入。较高的关税会导致走私逃税行为的出现，管理成本会随之增加，名义税率和实际税率越发背离；而关税减让和加强征管则可以抑制走私，在一定程度上降低关税的成本收益差，进而可以增加关税收入，我国近年来不断增加的关税收入便是很好的证明。

（三）对关税政策效益的评价

对关税政策的效益评价主要是将其成本和收益进行比较。如果关税政策带来的成本大于收益，则说明该项关税政策是无效的，否则是有效的。以与非洲国家的贸易为例：2005 年 1 月 1 日实施的《给予非洲最不发达国家特别优惠关税待遇的货物原产地规则》对非洲 39 个与中国建交的最不发达国家部分商品实行零关税待遇，虽然使我国对非的贸易由顺差转为逆差，使中国来自非洲的关税收入减少，但是中非的双边贸易额迅速增长，同时该项措施也促进了中非的友好经贸合作，为中国企业走向非洲进行对外投资提供了便利。可见，和关税政策调整的成本相比，收益会更大一些，因此政策是有效的。

二、对关税政策的稳定性评价

在衡量政策波动性方面有两种方法：一是使用贸易政策指标的实际值与预

期值偏离的绝对值来衡量①，这种方法比较适合于时间序列分析；二是选取不同界面（一般是3年或5年）计算原始数据的变异系数（Niclas Berggren，2009），这种方法适合于面板数据分析。鉴于我国关税政策时间序列数据的易得性，此处采用第一种方法来衡量中国关税政策的波动性。

由图7－2可以看出，我国关税政策在1987年以前波动性较大，1987年以后尤其是2002年以后波动较小。这是因为在改革开放初期，为了适应改革开放的进程，促进国民经济发展，我国对关税政策进行了全面改革：1980年国务院根据改革开放的需要所做出的《关于改革海关管理体制的决定》，标准着我国关税政策改革进程的正式启动。1982年，关税税率进行了新中国《进出口税则》制定以来最大范围的一次调整，并提出了新的制定税率的原则。1984年，确定了实行开放型保护关税政策。1985年制订进出口关税条例，对关税税则进行全面修改，一方面改变商品分类目录，采用国际上广泛使用的《海关合作理事会商品分类目录（CCCN），另一方面调整进口税率，改善税率结构。2001年末加入世贸组织以后，我国稳步履行入世承诺，关税政策的波动性相对较小。

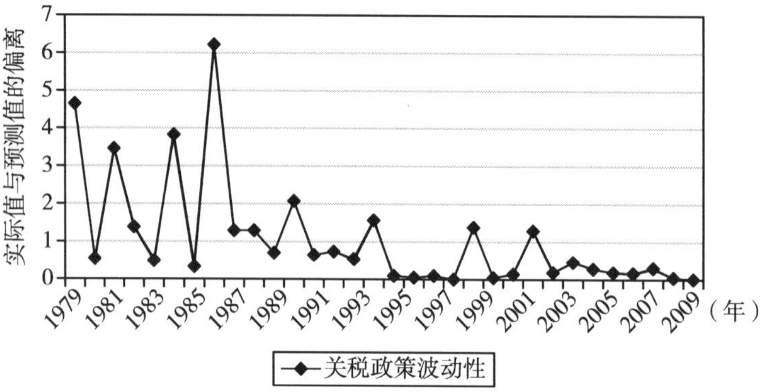

图7－2　关税政策波动性

三、关税政策的制度质量考察——基于VEC模型

这里，我们将借助计量方法，利用VEC模型考察关税税率、关税政策波动性和对外贸易之间的关系，运用协整检验分析，检验关税政策的有效性与稳

① Sudsawasd，S.，Moore，R.，Investment under Trade Policy Uncertainty：An Empirical Investigation，*Review of International Economics*，（May 2006），vol. 14，No. 2 PP 316－329.

定性。

（一）数据来源

1. 中国关税政策的制度质量——有效性 INSTI

目前并没有衡量中国关税政策制度有效性的直接数据，但是观察经济自由度指数中的贸易自由度指数和弗雷泽研究所指数中的对外贸易的自由度指数可以发现子指标中都包含关税税率子指标，而且关税税率和对外贸易自由度呈反向关系。因此，可以以我国现行的实际关税税率作为衡量关税政策有效性的代理指标。数据来源于《中国统计年鉴》《中国海关统计年鉴》。

2. 中国关税政策的制度质量——稳定性 STAB

政策的稳定性较难测量，一个完整的政策稳定分析框架应该包括政策的波动性、政府的承诺以及政策的一致性三个方面（Borja，2005），但是因为缺少对政策承诺和政策一致性的统一界定标准和衡量指标，本书将针对政策的波动性进行分析。在衡量政策波动性方面有两种方法：一是使用贸易政策指标的实际值与预期值偏离的绝对值来衡量（Sudsawasd S，2005），这种方法比较适合于时间序列分析；二是选取不同界面（一般是 3 年或 5 年）计算原始数据的变异系数（Niclas Berggren，2009），这种方法适合于面板数据分析。因此，本节将使用第一种方法来衡量中国关税政策的稳定性。数据由作者根据关税税率的源数据计算而得。

3. 对外贸易额 TRADE

该数据来源于历年《中国统计年鉴》，在实际使用中取其对数值，即使用 LNTRADE 表示。

（二）协整检验

研究一组非平稳时间序列时，我们需要检验它们是否具有协整关系，只有在一组平稳时间序列具有协整关系时，我们才能利用 VEC 模型进一步确认这种长期均衡关系的形式。

1. 最优滞后期的选择

最优滞后期的选择根据无约束的 VAR 模型确定，经过检验，在 5 个评价指标中全都认为应建立 VAR（3）模型（见表 7－2），所以最优滞后期选定为 3。由于 VAR（3）模型的所有特征根都在单位圆内，所以此时模型是平稳的（见图 7－3）。

表 7 -2　　最优滞后期的选择

Lag	LogL	LR	FPE	AIC	SC	HQ
0	-155.3622	NA	16.41257	11.31159	11.45432	11.35522
1	-69.06359	147.9405	0.066042	5.790256	6.361201	5.964800
2	-52.12166	25.41289	0.038458	5.222976	6.222129	5.528427
3	-33.13067	24.41700*	0.020131*	4.509333*	5.936695*	4.945692*
4	-25.19216	8.505537	0.024782	4.585155	6.440725	5.152421

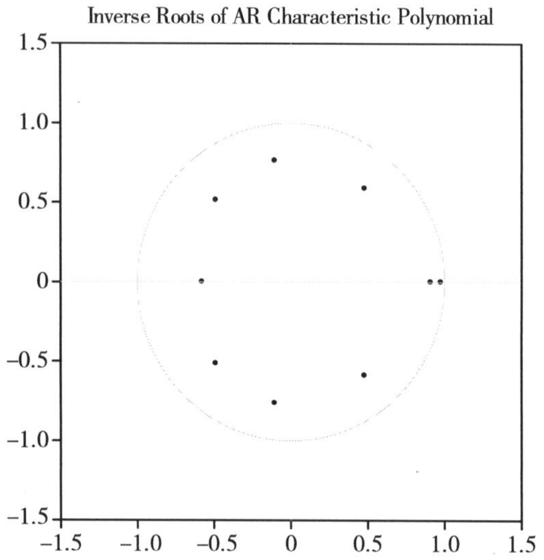

图 7 -3　VAR 模型平稳性检验结果

2. 协整检验结果

协整似然比检验法主要包括迹检验法和最大特征值检验法。通过 Johansen 最大似然法检验 GR、INSTI、STAB 之间是否存在协整关系，具体检验结果如表 7 -3 所示。

表 7 -3　　协整检验结果

零假设	特征值	迹统计量	5%临界值	P 值	零假设	特征值	最大特征值	5%临界值	P 值
无*	0.68	43.23	29.80	0.00	无*	0.68	32.12	21.13	0.00
至多 1	0.25	11.12	15.49	0.20	至多 1	0.25	7.96	14.26	0.38
至多 2	0.11	3.16	3.84	0.08	至多 2	0.11	3.16	3.84	0.08

由以上检验结果可知，在5%的显著水平上TRADE、INSTI、STAB之间至少存在一个协整关系。协整方程如下：

$$\begin{cases} LNTRADE = -6.51\ TARIFF - 37.1\ STAB \\ \qquad\qquad\qquad\quad (1.12) \qquad\quad (6.34) \\ LNTRADE = -11.07\ STAB \\ \qquad\qquad\qquad\quad (5.14) \\ TARIFF = -3.99\ STAB \\ \qquad\qquad\quad (0.78) \end{cases} \qquad (7-1)$$

式（7-1）中括号内数值为标准差。由协整方程可知，当以关税税率为代表的关税政策政策质量每增加1个单位（即关税税率每减少1个单位），对外贸易额增加6.51个单位；当以关税税率波动性为代表的关税政策质量每增加1个单位，经济增长37.1个单位。协整方程还显示，关税制度效率与关税制度稳定性之间存在着负向关系。这表明政策制定者在制定政策时要注意政策有效性与稳定性之间的均衡，以免对长期经济增长带来不利的影响。

（三）VEC模型

向量误差修正模型（VEC）是对诸变量施加了协整约束条件的向量自回归模型。考察关税政策制度质量与经济增长之间的联系的模型建立如下：

$$Y_t = c + \sum_{i=1}^{k} \prod_i Y_{t-i} + \mu_t \qquad (7-2)$$

其中，$Y_t = [GR_t, INSTI_t, STAB_t]'$，k为滞后阶数，c为常数项，$\mu_t$为随机误差项且$\mu_t \sim IID(0, \sigma^2)$。

VEC模型的p值应比无约束的VAR模型的最优滞后阶数小1。模型结果如下：

$$\Delta Y_t = \begin{bmatrix} 0.336 & -0.03 & -0.17 \\ -2.30 & -0.30 & 0.051 \\ 1.56 & -0.47 & 0.064 \end{bmatrix} \Delta Y_{t-1} + \begin{bmatrix} -0.27 & -0.06 & -0.08 \\ -4.45 & -0.37 & -0.09 \\ 0.86 & -0.22 & 0.12 \end{bmatrix} \Delta Y_{t-2}$$

$$+ \begin{bmatrix} 0.067 \\ 0.025 \\ 0.089 \end{bmatrix} ECM(-1) + \begin{bmatrix} 0.17 \\ 0.68 \\ -0.77 \end{bmatrix} \qquad (7-3)$$

$$ECM(-1) = [1 \quad 5.4 \quad -2.93] Y_t \qquad (7-4)$$

虽然上面的VEC模型中有少量的参数不具有统计意义上的显著性，但是该模型反映了对外贸易额、关税政策有效性和关税政策稳定性之间的短期波动关系，该波动不仅受偏离均衡的影响，还受到关税政策有效性和稳定性自身变动的影响。从模型的系数可以看出，滞后一期和滞后二期的关税政策有效性对对外贸易额的系数分别为 -0.03 和 -0.06，滞后一期和滞后二期的关税政策稳定性对对外贸易额的系数分别为 -0.02 和 -0.04。由此可见，在短期关税政策稳定性对对外贸易额的影响更为显著。模型中误差修正系数体现了误差修正项对对外贸易额的调整速度，该误差修正系数值为 0.067。这说明对外贸易额、关税政策的有效性、关税政策的稳定性三者之间的长期稳定关系由非均衡状态拉回到均衡状态的调整力度为 0.067，误差修正项的正值系数对当期值的调整作用是正向的。

（四）方差分解分析

方差分解分析能进一步提供模型随机信息的相对重要性。方差分解分析时把系统中每个内生变量（共 m 个）的波动按其成因分解为与各方程信息相关联的 m 个组成部分，从而了解各信息对模型内生变量的相对重要性[①]。由于我们主要考察关税政策的有效性和稳定性对对外贸易的硬性，因此，以下仅给出 LNTRADE 对于 TARIFF 和 STAB 的方差分解结果。

表 7-4 中包括 5 列，第一列是预测期，S. E. 中的数据为变量 LNTRADE 的各期预测标准误。后三列均为百分数，分别代表以 LNTRADE、TARIFF 和 STAB 为因变量的方程信息对各期预测误差的贡献度，每行结果相加为 100。由上面的结果可知，从第 6 期开始，方差分解的结果基本稳定，虽然总方差中来自 LNTRADE 自身的贡献呈不断下降趋势，但是仍以 91.32% 这一远高于其他变量的贡献度成为首要因素。TARIFF 的方差贡献除了在第 1 期大于 STAB 外，其余各期均小于 STAB 的方差贡献，在第 6 期，TARIFF 和 STAB 的方差贡献度分别为 2.77% 和 5.90%。

表 7-4　　LNTRADE 的方差分解

滞后期	S. E.	LNTRADE	TARIFF	STAB
1	0.152209	99.88673	0.113266	0.000000
2	0.259641	99.52189	0.180465	0.297641
3	0.330551	96.35228	0.217670	3.430054
4	0.373059	92.82117	1.384343	5.794485

① 易丹辉. 数据分析于 Eviews 应用［M］. 北京：中国人民大学出版社，2008：224.

续表

滞后期	S. E.	LNTRADE	TARIFF	STAB
5	0. 398586	92. 03294	2. 400154	5. 566905
6	0. 424976	91. 32889	2. 774324	5. 896785
7	0. 446276	91. 28033	2. 713182	6. 006491
8	0. 468585	91. 49900	2. 681399	5. 819597
9	0. 495487	91. 61602	2. 659328	5. 724650
10	0. 520702	91. 58345	2. 640786	5. 775766

VEC 模型表明，对外贸易额的波动不仅受偏离均衡的影响，还受到关税政策有效性和稳定性自身变动的影响。从模型的系数可以看出，滞后 1 期和滞后 2 期的关税政策有效性对对外贸易额的系数分别为 - 0. 03 和 - 0. 06，滞后 1 期和滞后 2 期的关税政策稳定性对对外贸易额的系数分别为 - 0. 02 和 - 0. 04。由此可见，在短期关税政策稳定性对对外贸易额的影响更为显著。同时，模型中误差修正系数体现了误差修正项对对外贸易额的调整速度，该误差修正系数值为 0. 067。这说明对外贸易额、关税政策的有效性、关税政策的稳定性三者之间的长期稳定关系由非均衡状态拉回到均衡状态的调整力度为 0. 067，误差修正项的正值系数对当期值的调整作用是正向的。

对对外贸易额进行方差分解的结果表明，关税政策的稳定性对贸易发展的影响除了在第 1 期小于关税政策的有效性外，其余各期都大于关税政策有效性对贸易发展的影响，这说明关税政策的稳定性的重要性更高一些，也说明了帮助微观经济主体形成稳定的预期对贸易和经济的可持续发展更为重要，因此政府的宏观调控措施应强调微观经济主体能动性和创造性的发挥。

第二节　我国出口退税政策的制度质量考察

实践中，出口退税的作用主要体现为两个方面：一方面，出口退税政策的调整是鼓励出口的有效手段。对于那些外贸依存度偏高的外向型经济体而言，出口是国内经济增长的重要发动机，因此通过出口退税的调整来刺激经济的增长就成为十分现实又简便易行的政策选择。另一方面，这种退税政策的出口增长效应是有边界的，过度的出口退税就会演变为出口补贴，从而造成更多的贸易扭曲并引发不必要的贸易摩擦。此外，出口的增加和退税的增长又会引发政府的财政收支压力。为了平衡财政预算，政府只能被动地进行政策调整，而这又会通过贸易乘数和税收乘数的双重作用给经济增长带来不利的外部冲击。由于出口退税政策的调整对于政府而言是一种常态，因此，出口退税制度的稳定性不可避免地对贸易发展和经济增长产生影响。

一、数据来源

（一）出口退税制度的效率

出口退税政策可以通过改善贸易商品的价格扭曲来消除国内外市场的有效保护率的差异，进而促进长期经济的增长，因此出口退税政策的出口增长效率就可以被定义为出口退税引致的出口增长额与出口退税额之比。其中，出口退税引致的出口增长额是实施出口退税政策后的实际出口增长额（实际情况）与不实施出口退税政策（假设情况）的实际出口增长额的差额，记其为 ETR。相关数据来自于财政部、国家税务总局及国家统计局的官方统计，下同。

（二）出口退税制度的稳定性

为了考察贸易制度稳定性与长期经济增长之间的联系，还需要确定衡量制度稳定性的具体方法。事实上，一个完整的政策稳定性的分析框架至少包括三个方面，即政策的波动性、政策的承诺及政策的一致性（Borja，2005）。但是，由于缺乏对政策承诺及政策一致性的统一界定标准和具体衡量指标，因此通常只对政策的波动性进行分析：

$$(\text{Policy})\ t = \beta_0 + \beta_1(\text{Policy})t - 1 + \varepsilon \qquad (7-5)$$

式（7－5）中，t 代表时间，Policy 代表具体要考察的政策变量。未预料到的贸易政策波动的确定方法有两种：一是直接取上式残差的标准差来确定，这种方法适合于结合特定国家进行的时间序列分析；二是选取不同的截面（一般为 3 年或者 5 年）计算上式残差的标准差，这种方法适合于以面板数据为基础的国际比较①。由于出口退税的面板数据在可获得性上存在一定的困难，因此本书选择前一种方法进行计算。

---

① Sudsawasd, S. and R. Moore, Investment under Trade Policy Uncertainty: An Empirical Investigation, *Review of Internatonal Economics*, 2006, Vol. 14, No. 2, pp. 316 – 329.

对于出口退税政策而言，贸易制度的稳定性可以体现为两个不同的方面：一方面，出口退税额的稳定与否反映了政府的财政支出压力，记为 STR1。这一变量体现的是政府对出口退税政策进行调整的意愿：若出口退税额占财政收入比重的上升速度比财政收入占 GDP 比重的上升速度更快，则政府迫于财政支出压力所进行的政策调整意愿就越大，出口退税政策的稳定性也随之降低，反之则出口退税政策的稳定性提高。从实际情况来看，政府对出口退税政策的调整意愿及幅度越大，相应的出口退税政策的出口增长效率也会越低（见图 7－4）。另一方面，出口退税率的稳定与否直接限制了贸易制度效率的发挥。出口退税率若能稳定地停留在一个较高的水平，则生产性活动的刺激越大，出口退税政策的出口增长效率就越大，反之则越小，记为 STR2。显然这一变量更多地体现的是微观主体对贸易制度质量的反应。

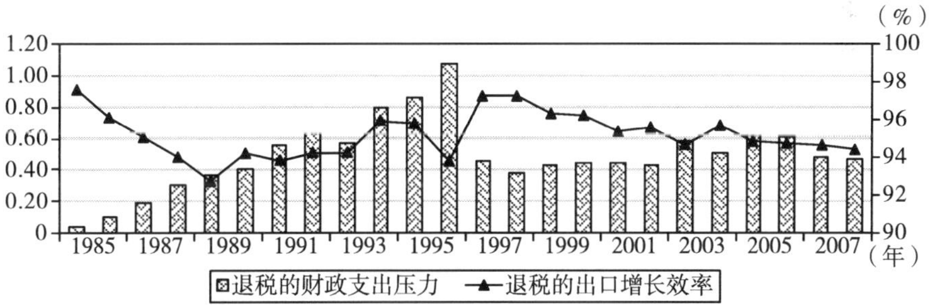

图 7－4　出口退税的出口增长效率与财政收入压力

（三）长期经济增长

对经济增长的衡量通常是采用年平均经济增长率，但这种方法对于基期的选择、考察期的长短等因素非常敏感。具体而言，虽然发展中国家可能在某一特定时期能表现出比发达国家高得多的年经济增长率，但从长期来看，经济增长的地缘差异仍然十分明显，发展中国家的经济增长稳定性仍远远落后于发达国家。而且，实证研究也表明，制度质量更差的国家，长期经济增长的波动更高①。出于以上考虑，本书采取经济增长波动来衡量长期经济增长，记为 VEG。其中，经济增长率以不变价格 GDP（1978＝100）为基础计算。

① Malik, A. and J. Temple, The Geography of Output Volatility, *Journal of Development Economics*, 2009, Vol. 90, No. 2, pp. 163－178.

二、模型设定

考察贸易政策稳定性与经济增长之间联系的模型建立如下：

$$Y_t = c + \sum_{i=1}^{k} \Pi_i Y_{t-i} + u_t \qquad (7-6)$$

其中，$Y_t = [VEG_t, ETR_t, STR_t]'$，K 为滞后阶数，c 为常数项，$u_t$ 为随机误差项且 $u_t \sim IID(0, \sigma 2)$。由于对出口退税政策稳定性的衡量可以有两种不同的方法，因此将 STR1 与 STR2 分别代入 VAR 模型进行估计并得出相应的结果，再加以比较。

（一）变量描述

从变量统计的结果来看，2008 年的 ETR 相比 1985 年下降了 0.996%，表明伴随着改革开放及市场经济进程的加快，出口退税政策的出口增长效率正在微量减弱。STR1 的最大值出现在 2005 年，最小值出现在 1997 年，这主要和政府进行的两次大幅度出口退税政策调整有关。其中，1995 年和 1996 年政府所面临的退税财政压力为历史最高，这也迫使政府不得不首次连续两年进行大幅度的出口退税政策调整。2004 年政府对出口退税结构、中央财政支持力度、中央地方分担比例等作了较大调整。STR2 的最大值出现在 1989 年，最小值出现在 1997 年。从 STR1 及 STR2 的具体数值来看，我国的出口退税政策存在较明显的 J 曲线效应（见图 7-5）。

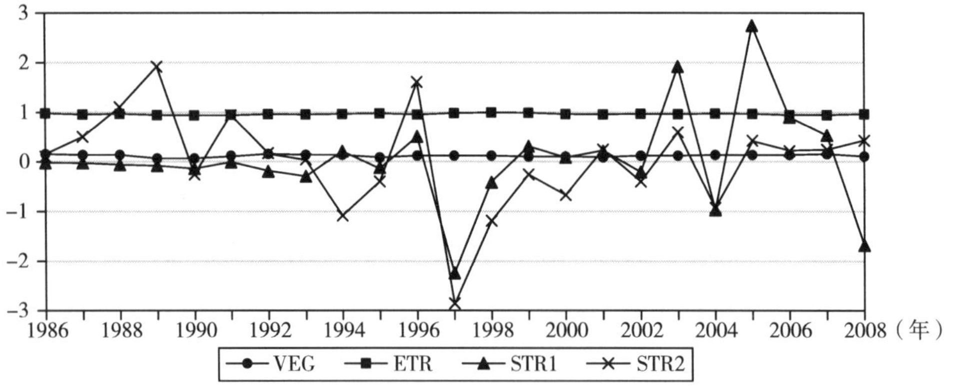

图 7-5　变量趋势图

（二）单位根检验

为避免伪回归现象，有必要对数据进行单位根检验以考察序列的平稳性，检验结果如表 7－5 所示。

表 7－5　　　　单位根 ADF 检验

变量	检验类型 (c, t, k)	ADF 值	显著值	结论
VEG	(c, t, 1)	－4.00**	－3.64 (5%)	平稳
ETR	(c, 0, 0)	－2.72***	－2.64 (10%)	平稳
STR1	(c, t, 0)	－5.12*	－4.44 (1%)	平稳
STR2	(c, t, 0)	－4.54*	－4.44 (1%)	平稳

注：检验形式中的 c、t、k 分别表示单位根检验方程中是否包括常数项、时间趋势和滞后阶数。*、**、*** 分别表示在 1%、5%、10% 水平上显著，下同。

由表 7－5 可知，长期经济增长、贸易制度效率与贸易制度稳定性在不同水平上通过了显著性检测，说明它们的趋势是平稳的，三者之间可能存在协整关系。

（二）最优滞后期的选择

最优滞后期的选择根据无约束的 VAR 模型确定。经检验，5 个评价指标中有 2 个认为 STR1 应建立 VAR（4）模型，所有指标都认为 STR2 应建立 VAR（4），所以最优滞后期应选定为 4。由于 VAR（4）模型的所有特征根都在单位圆以内，所以此时的模型是平稳的。

三、实证检验

（一）协整性检验

可以采用 Johansen 最大似然法检验 VEG、ETR 与 STR1 之间是否存在协整关系（见表 7－6）。

表 7－6　　　　协整检验结果

零假设	特征值	迹统计量	5% 临界值	1% 临界值	零假设	最大特征值	5% 临界值	1% 临界值
无*	0.66	39.76	29.80	35.46	无	20.32	21.13	25.86
至多 1**	0.46	19.44	15.49	19.94	至多 1	11.71	14.26	18.52
至多 2*	0.33	7.73	3.84	6.63	至多 2*	7.73	3.84	6.63

注：协整检验为有截距项，无趋势项。

由检验结果可知，以1%显著水平判断，因为迹统计量有 $19.44 < 19.94$、$7.73 > 6.63$，最大特征值有 $11.71 < 18.52$、$7.73 > 6.63$，所以 VEG、ETR 与 STR1 三者之间至少存在以下三个协整方程：

$$\begin{cases} VEG = 0.119898\ ETR + 0.020197\ STR_1 - 0.023133 & (7-7) \\ \qquad\qquad\qquad (0.16389) \qquad\quad (0.00314) & \\ VEG = 0.019266\ STR_1 + 0.091008 & (7-8) \\ \qquad (0.00320) & \\ ETR = -0.007765\ STR_1 + 0.951984 & (7-9) \\ \qquad\quad (0.00523) & \end{cases}$$

同理，VEG、ETR 与 STR2 三者之间存在的协整方程为：

$$\begin{cases} VEG = 39.80719\ ETR + 0.740486\ STR_2 - 37.69173 & (7-10) \\ \qquad (0.16389) \qquad\quad (0.00314) & \\ VEG = -0.022481\ STR_2 + 0.090684 & (7-11) \\ \qquad\quad (0.01575) & \\ ETR = -0.019167\ STR_2 + 0.949135 & (7-12) \\ \qquad\quad (0.00523) & \end{cases}$$

式（7－7）—式（7－12）中括号内数值为标准差。由协整方程可知，当以出口退税额的波动代表出口退税政策的制度稳定性时，出口退税政策的制度稳定性每增加1个单位，经济增长的波动相应增长0.020197个单位；而以出口退税额的波动代表出口退税政策的制度稳定性时，出口退税政策的制度稳定性每增加1个单位，经济增长的波动相应增长0.740486个单位。从检验结果来看，无论采用哪个变量来代表出口退税政策的制度稳定性，经济增长的波动都会随着出口退税政策的制度稳定性的提升而正向增加，即贸易制度的稳定性提升确实能促进长期经济增长。所不同的是，以出口退税率的波动代表出口退税政策的制度稳定性时，经济增长的波动幅度更大，换言之，经济增长更多地取决于微观主体对政策调整的反应，此时的贸易制度效率更高。此外，协整方程还显示，贸易制度效率与贸易制度稳定性之间存在负向联系，这表明以往一味提高贸易制度效率的做法并不可取，政策制定者尤其要注意贸易制度效率与贸易制度稳定性之间的均衡，以免对长期经济增长带来不利影响。

（二）格兰杰因果检验

为了进一步识别变量之间的因果关系，还需要进行格兰杰因果检验。同协整检验一样，格兰杰因果检验对滞后阶数 p 十分敏感，不当的滞后阶数很可能导致虚格兰杰因果关系。格兰杰因果检验中合理的滞后阶数应当取 AIC 准则最小值时的阶数，具体结果如表 7－7 所示。

表 7－7　　Granger 因果检验

零假设	观测值	F 统计量	伴随概率
VEG 不是 ETR 的 Granger 原因	18	0.22296	0.9412
ETR 不是 VEG 的 Granger 原因	18	3.69231	0.0590
VEG 不是 STR1 的 Granger 原因	16	0.92364	0.6673
STR1 不是 VEG 的 Granger 原因	16	3.29796	0.4010
VEG 不是 STR2 的 Granger 原因	18	0.36538	0.8573
STR2 不是 VEG 的 Granger 原因	18	3.40621	0.0705
ETR 不是 STR1 的 Granger 原因	16	0.56199	0.7760
STR1 不是 ETR 的 Granger 原因	16	1.66088	0.5368
ETR 不是 STR2 的 Granger 原因	16	5.61842	0.3142
STR2 不是 ETR 的 Granger 原因	16	9.35676	0.2467

格兰杰因果检验表明，ETR、STR2 是 VEG 的单向 Granger 因果关系，而其他变量之间不存在 Granger 因果关系。这表明 ETR 及 STR2 具有其他变量没有的对于 VEG 的显著滞后影响。

（三）误差修正模型

可以通过建立 VECM 模型研究 VEG、ETR 及 STR1 之间的短期联系。同前面所有的实证过程一样，VECM 模型也必须解决滞后阶数 p 的取值问题，具体而言，VECM 模型的 p 的取值应比无约束的 VAR 模型的最优滞后阶数小 1。模型结果如下：

$$\Delta Y_t = \begin{bmatrix} 0.611091 & -0.103637 & -0.011862 \\ -0.222655 & -1.378749 & 0.009935 \\ 21.30657 & 86.54309 & -1.886328 \end{bmatrix} \Delta Y_{t-1} +$$

$$\begin{bmatrix} -0.005751 & 0.600454 & -0.003773 \\ -0.372825 & -1.305969 & -0.002163 \\ 36.71130 & 84.53696 & -0.816905 \end{bmatrix} \Delta Y_{t-2} +$$

$$\begin{bmatrix} 0.106079 & -0.559630 & -0.008241 \\ -0.199645 & -0.876742 & -0.007305 \\ 25.53832 & 60.11573 & -0.257530 \end{bmatrix} \Delta Y_{t-3} +$$

$$\begin{bmatrix} -0.734040 \\ 0.865319 \\ -73.51384 \end{bmatrix} ECM(-1) + \begin{bmatrix} 0.003208 \\ 0.002001 \\ 0.015232 \end{bmatrix} \quad (7-13)$$

其中，$ECM(-1) = [1, \ -0.119898, \ -0.020197] Y_{t-1} + 0.023133 \quad (7-14)$

同理，可以得到 VEG、ETR 及 STR2 之间的 VECM 模型：

$$\Delta Y_t = \begin{bmatrix} 0.051400 & -6.602357 & -0.035169 \\ -0.143961 & -4.338426 & -0.042235 \\ 9.719027 & 430.4479 & 5.326902 \end{bmatrix} \Delta Y_{t-1} +$$

$$\begin{bmatrix} -0.366880 & 0.597146 & -0.009688 \\ 0.047948 & -5.095564 & -0.067231 \\ -9.192984 & 483.9034 & 7.032589 \end{bmatrix} \Delta Y_{t-2} +$$

$$\begin{bmatrix} -0.350405 & -2.147009 & -0.019424 \\ -0.079143 & 3.374842 & -6.51E-05 \\ 3.715508 & -365.8758 & -0.068185 \end{bmatrix} \Delta Y_{t-3} +$$

$$\begin{bmatrix} 0.073726 \\ -0.012735 \\ 5.779244 \end{bmatrix} ECM(-1) + \begin{bmatrix} 0.002476 \\ 0.001096 \\ -0.057623 \end{bmatrix} \quad (7-15)$$

其中，$ECM(-1) = [1, \ -39.80719, \ -0.740486] Y_{t-1} + 37.69173 \quad (7-16)$

从式（7－13）—式（7－16）来看，当短期内经济增长及贸易制度稳定性偏离长期均衡状态时，以出口退税额为代表的系统 1 存在一个较强且显著的反向修正作用，而以出口退税率为代表的系统 2 存在一个较弱但不显著的正向修正作用。当短期内贸易制度效率偏离长期均衡状态时，系统 1 存在一个较强且显著的正向修正作用，而系统 2 存在一个较弱但不显著的反向修正作用。从系数的大小来看，系统 1 比系统 2 对非均衡状态的反应更为敏感，调整速度也更快一些。

（四）脉冲响应分析

由于广义脉冲响应函数可以不考虑变量的排序问题而得出唯一的脉冲响应函数曲线，因此可以用它来考察变量之间的短期互动关系。由前面的分析可知，

ETR、STR2 是 VEG 的单向 Granger 因果关系，因此，下面只需给出 VEG 受 1 单位正向标准差的 ETR 及 STR2 冲击的响应曲线（见图 7 -6）。

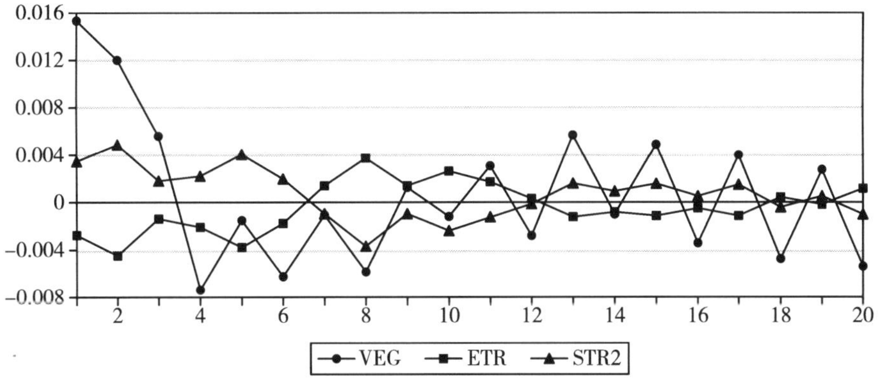

图 7 -6　脉冲响应图

从图 7 -6 来看，在滞后 1—20 期的时间内，经济增长波动在受到贸易制度效率的正向冲击后，初期效应为负，从第 7 期开始冲击效应转为正值，且总体影响为正值，表明贸易制度效率在短期内能降低经济增长波动，长期则会加大经济增长波动。当经济增长波动在受到贸易制度稳定性的正向冲击后，初期效应为正，从第 7 期开始冲击效应转为负值，且总体影响为负值，表明贸易制度稳定性在短期内提高了经济增长波动，长期则对经济增长波动有抑制作用。脉冲响应分析表明，从经济增长的可持续性发展而言，贸易制度稳定性的重要性更高一些。

（五）方差分解分析

方差分解分析能进一步给出模型随机信息的相对重要性，同脉冲响应分析相同，以下只给出 VEG 对于 ETR 及 STR2 的方差分解结果（见表 7　8）。

表 7 -8　　VEG 方差分解

滞后期	S. E.	VEG	ETR	STR2
1	0. 015231	100	0	0
2	0. 019623	96. 85240	1. 405849	1. 741748
5	0. 022078	90. 47676	7. 271282	2. 251956
10	0. 024976	86. 79576	10. 17060	3. 033640
20	0. 028582	86. 14408	8. 777088	5. 078828
50	0. 064022	85. 12224	2. 214337	12. 66342
100	0. 497557	84. 92916	0. 568354	14. 50248

实证结果表明，虽然总方差中来自 VEG 自身的贡献呈不断下降趋势，但仍以 84.93% 这一远高于其他变量的贡献度成为首要因素。ETR 的方差贡献呈现较明显的“上升—顶点—下降”的 U 型结构。在第 11 期到达顶点后，ETR 的方差贡献开始不断下降并最终稳定在 0.6% 附近。与之相反，STR2 的方差贡献虽在初始阶段小于 ETR，但随着滞后期的增加，STR2 的方差贡献呈直线上升趋势，并最终稳定在 14.5% 附近。从方差贡献的差异来看，经济增长的长效机制除了要关注贸易制度的效率，更重要的是确保贸易制度的稳定性，这与前面其他分析是吻合的。

四、主要结论

本节以出口退税政策为例分析贸易制度效率、贸易制度稳定性对长期经济增长的影响。研究结果表明，经济增长更多地取决于微观主体对政策调整的反应。贸易制度效率虽然对非均衡状态的反应更为敏感，调整速度也更快一些，但这种效应呈现出较明显的“上升—顶点—下降”的 U 型结构。相比较而言，贸易制度的稳定性对经济增长的影响呈现出逐渐加大的趋势，因此从经济增长的可持续性发展而言，贸易制度稳定性的重要性更高一些。

结合以上研究结论，本节的相关政策建议为：

（1）对制度质量的理解、分析和运用应有新思路。在当前国内严峻的经济形势面前，尤其要重视制度稳定性对长期经济发展的积极作用，避免经济增长本身的过度波动。从长期来看，我国所面临的贸易制度管理质量低下、贸易制度环境恶化及贸易发展战略的调整等问题，都有赖于其制度稳定性的改善。

（2）要高度重视出口退税政策对整体经济发展的重要作用。以往研究表明，利益集团游说（马捷、李飞，2008）或国家目标和权威（盛斌，2002）都有可能是实施出口退税的理由。在此，我们以制度质量分析为基础，揭示出口退税政策波动与长期经济增长之间存在的稳定联系。因此，即便不考虑政治因素，单纯从经济的角度来看，出口退税政策仍有可能是一项稳健的贸易政策。

（3）应将政府的宏观调控与发挥微观主体的能动性、创造性相结合。以出口退税政策为例，退税的财政压力和出口退税率波动都能影响长期经济的增长。但政府首要关注的是实际退税额所带来的财政压力，而微观主体主要关注的是名义退税率的可能变化。为了避免经济增长的过度波动，首先要避免名义退税率的过度波动，其次还要避免政府额外的频繁政策调整。从实证结论来看，要保证出口退税政策的稳健性，应以市场调节为主，政府调节为辅，这也符合现代市场经济的一般原则。

第三节 合约实施制度的制度质量考察

许多学者从不同层面证实了合约实施制度质量的好坏是一个国家贸易比较优势的决定因素（Nunn，2007；Levchenko，2007，2011；Costinot，2009）。Levchenko（2007）从发展中国家和发达国家间制度质量的差异出发，认为正是因为国家间的制度质量差异，导致了各个国家不同行业尤其是制度密集型行业生产和出口的差异，加上制度密集型产品一般都具有较高的附加价值和较强的制度依赖性，使得发展中国家因制度缺陷很难专业化生产这样的产品，进而使具有制度比较优势的发达国家能从国际贸易分工活动中获得更大的贸易利益。Nunn（2007）则从制度因素的某一具体方面即合约实施制度入手，构建了一个测度产业合约密集度的指标，并据此作为衡量国家合约实施质量的标准，分析认为，一些产业具有很强的合约依赖性，这样的产业会存在特定关系型投资不足的问题。一国的合约实施环境越好，该国会更多地从事合约密集型产品的生产和出口，而且一个国家的合约实施制度质量对合约密集型产品出口的影响效应将大于物质资本和劳动力要素禀赋的影响效应之和。在以上研究的基础上，Costinot（2009）把合约实施制度引入传统贸易模型，认为复杂产品的生产需要更多的技能型劳动力并且会随着生产环节的增加而呈现规模报酬递增。也正是因为其生产环节的增加而使这样的产品更依赖于合约实施制度环境，因为制度环境的不确定性会增加这类产品生产和交易的不确定性，从而增加交易成本。所以，这两种力量各自的大小决定了一个国家在国际分工中的比较优势：一个技能型劳动力丰富的国家，其制度环境越完善，它在复杂产品的生产上就会具有更大的竞争优势。尽管具有丰富的人力资本，但如果制度环境较差，则它很难在复杂产品的生产上获得优势，进而很难获得贸易利益。

除了从国家层面分析合约实施制度环境对国际贸易的重要性以外，Feenstra，Ma & Hong（2012）还从中国30个省（市）合约实施质量的差异出发，分析了合约实施质量对各省（市）贸易模式的影响，并认为制度对加工贸易和外商投资企业的影响效应更大，这也正是中国改革开放以来对外贸易中加工贸易发展超过一般贸易、外商投资企业进出口活动比国内企业更活跃的原因之一。

我们在借鉴已有研究成果的基础上，试图利用中国1983—2011年详细的出口分类数据，考察合约实施制度对具有不同合约密集度的产品（产业）出口的差异化影响，从而对改革开放以来我国出口商品结构的优化给出合理的解释，对今后一段时间政府制定出口商品结构政策提供有力的依据。本节以单位GDP中涉及的民事案件数量度量中国的合约实施制度质量，运用合约实施制度和产业合约密集度、劳动力禀赋和产业的劳动力密集度、资本要素禀赋和产业的资本密集度的交叉项构成的模型，分析了这三类要素对不同产业出口的影响机理，重点验证了合约实施制度环境对不同合约密集度产业出口的影响。

一、模型设定与数据分析

（一）模型设定

合约实施制度是一国或地区关于执行书面合同方面的制度，旨在通过政府层面解决合约双方发生争议后的不信任问题。合约实施制度质量是评估解决争议的效率。在合约实施制度环境较好的国家和地区，较好的法律保障使得经济合作的双方不会受陷于信任方面的考量，因此有条件孕育那些需要更多相互联系的生产和投资环节且可能具有长期竞争优势的高新技术产业。沿着这一思路，本书认为，正是因为改革开放以来尤其是“入世”以来合约实施制度的逐步完善，才使得中国出口商品结构得以优化。根据潘镇（2006）和Nunn（2007），现用以下等式验证这一假设：

$$lnex_{it} = \alpha_i + \alpha_1 con\_in_i * con\_qu_t + \alpha_2 lab\_in_i * lnlab_t + \alpha_3 cap\_in_i * lncap_t + \varepsilon_{it} \qquad (7-17)$$

其中，ex_{it}表示行业i第t年的出口额，con_in_i、lab_in_i和cap_in_i分别表示行业i的合约密集度、劳动力密集度和资本密集度，con_qu_t、lab_t和cap_t分别表示中国第t年的合约实施质量、就业人口数和资本禀赋状况。为了减少估计过程中的异方差，把出口额、劳动力禀赋以及资本禀赋取自然对数①。其中的估计系

① 由于各年的合约实施质量的数据不大，故不用取对数。

数 α_1 是本书分析的重点，α_i 反映行业差异的截距项，ε_{it}为随机扰动项。

本书使用中国1983—2011年各类初级产品和工业制成品的面板数据，分析合约实施制度质量对具有不同合约实施密集度的产业出口的不同影响。根据我国海关的SITC分类，初级产品主要包括五类，即食品及主要供食用的活动物，饮料及烟类，非食用原料，矿物燃料、润滑油及有关原料，动植物油脂及蜡。其中，非食用原料，矿物燃料、润滑油及有关原料，动植物油脂及蜡三类产业没有涉及加工或者涉及的只是很初级的加工，对合约实施制度的依赖型非常弱，故忽略不计，所以，初级产品中只考虑食品及主要供食用的活动物（简称食品）以及饮料及烟类两类产业。由于初级产品受要素禀赋的影响比较大，受制度、资本及技术的影响不大，所以本书估计初级产品对应的 α_1 比较小。工业制成品主要分为：化学品及有关产品，轻纺产品、橡胶制品、矿冶产品及其制品，机械及运输设备，杂项制品，未分类的其他商品。由于杂项制品和未分类的其他商品具有很大的不确定性，不属于本书研究的对象，所以工业制成品中只把化学品及有关产品，轻纺产品、橡胶制品、矿冶产品及其制品，机械及运输设备作为研究对象。这三类产业需要很多中间品生产环节，最终产品生产商被“锁定”的风险比较大，对制度的依赖性比较强，所以国家的制度环境对其出口的影响比较敏感。总之，本书共包括5个截面，即食品，饮料及烟类，化学品及有关产品，轻纺产品、橡胶制品、矿冶产品及其制品，机械及运输设备。

（二）数据说明及数据来源

1. 不同产业的合约实施密集度 con_in_i

合约实施制度和特定关系型投资在贸易比较优势中的重要性已经得到了广泛的认可①。按照Levchenko（2007）和Nunn（2007）的分析思路，不同产品在生产过程中需要的专有性中间产品数量是有差异的。如果一个最终产品在生产过程中需要的专有性中间投入品多，该最终产品生产商就会和许多中间品生产商之间存在合约关系，即它会进行更多的特定关系型投资，结果是它被合约“锁定”的风险越大、成本越高，最终的竞争优势就越差。此时，如果该生产国的合约实施环境能对最终产品生产商与其众多供应商的合约关系给予充分的保障，解决各方之间的不信任问题，就能弥补竞争优势不强的弱点，甚至增强比较优势。一国的合约实施制度质量高，则该国就会在对合约实施依赖较强的产

① 较早的研究见Spencer（2005）、Trefler（2005）以及Helpman（2006）。

业具有竞争优势。

根据 Nunn（2007）的数据加权平均得到不同产业的合约实施密集度指标①（见表7－9）。从中可以看出，食品产业的合约实施密集度最小，机械及运输设备最大。5个截面的合约实施密集度有很大的差异，具有一定的行业代表性。

表7－9　　　　产业的合约实施密集度指标

产业名称		合约实施密集度
初级产品	食品	0.305
	饮料及烟类	0.515
工业制成品	化学品及有关产品	0.365
	轻纺产品、橡胶制品、矿冶产品及其制品	0.506
	机械及运输设备	0.787

资料来源：http：//www. economics. harvard. edu/faculty/nunn/data_ nunn。

2. 国家的合约实施制度质量 con_qu_t

总的来说，目前国内外对各国制度质量测度的指标很多，比如世界银行的全球竞争力发展报告和贸易发展指数、国际国家风险报告 ICRG、WGI、透明国际、世界银行的营商报告等。同时，国内学者也在此领域作出了许多贡献，比如樊纲、王小鲁等从1997年开始就通过构建市场化指数指标，连续每年对中国整体以及各省市的市场化进程进行分类和综合评价。但普遍存在的问题是指标数据很少，用于本书做截面较少的面板分析会使延续的时间不够长，不太具有说服力。

本书测度中国合约实施制度质量的指标以世界银行营商报告（Doing Business）的制度质量指标为基础设定。从2003年开始，世界银行每年都会对世界主要国家以及一国内部各地区的营商环境进行评价，主要从合约实施、开始经营、关闭企业、注册知识产权以及雇佣等十个方面展开。其中，合约实施（Enforcing Contract）指标包括诉讼程序数量、诉讼完成所需时间以及诉讼成本三个二级指标，它们在一级指标中的权重分别为1/3，主要反映通过法院解决经济纠纷的难易程度。以此为依据，本书把每年人民法院审理一审民事案件数量和当年国内生产总值（GDP 单位：亿美元）之比得到的单位 GDP 涉及的案件数量作

① 海关总署的商品进出口总额统计分别按 SITC 和 HS 进行，本书使用的数据按 SITC 统计。

为指标，用以反映当年的合约实施制度质量①。法院审理的民事案件数量，反映公民和经济主体在经济生活交往中对制度环境的依赖，同时也反映政府处理民事纠纷的质量。当年单位 GDP 涉及的民事案件数量较上年减少，意味着当年的合约实施质量得到改善。从图 7－7 可以看出，在本研究的时间范围内，虽然每年我国的民事案件数量在波动中不断增加，但增幅逐年减少，且每年单位 GDP 涉及的民事案件数量是下降的，说明我国的合约实施质量逐渐提高。1983—1995 年单位 GDP 涉及的民事案件数量在逐年减少但不明显，1995 年以后，随着改革开放的不断深入尤其是加入 WTO 以来中国经济不断融入世界经济，这一数值减少的幅度非常明显，说明这期间中国的合约实施制度环境得到了很大的改善，为经济的发展提供了更好的保障。

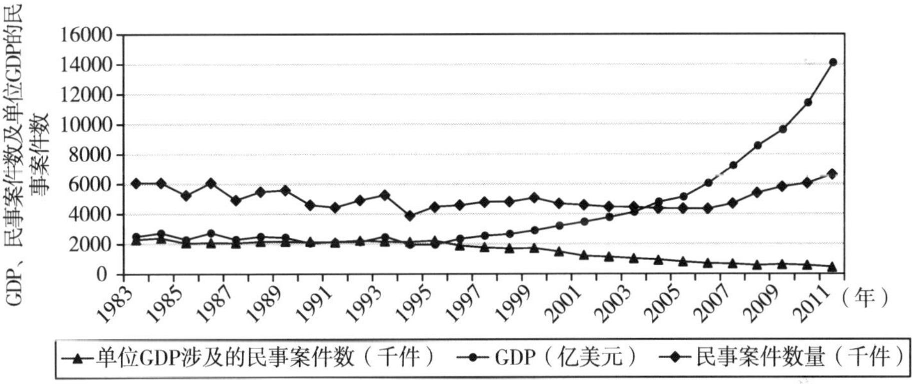

图 7－7　1983—2011 年中国 GDP、民事案件数以及单位 GDP 的民事案件数

（三）其他数据来源

lab_in_i 为产业 i 的劳动力密集度，用单位工业增加值中包含的就业人数表示。cap_in_i 为产业 i 的资本密集度，用单位工业增加值中包含的固定资产表示。lab_t 和 cap_t 分别为第 t 年中国的总就业人数和总固定资产。以上数据（1983—2011 年 5 个截面的出口数据）均来自于 2012 年中国统计年鉴。

根据前面的理论假设，一个国家的合约实施制度质量提高将有利于合约实

① 由于统计口径变化，2002 年以前的人民法院案件审理情况统计中主要包括刑事、民事、经济纠纷、行政和海事海商，其中经济纠纷案件中主要包括经济合同纠纷和经济侵权纠纷。而 2002 年及以后的统计中把原来的经济纠纷和海事海商案件统计包含在了民事案件中，这里的民事案件主要包括婚姻家庭和继承、合同纠纷、权属纠纷和其他民事。其中的合同纠纷和 2002 年以前的经济合同纠纷存在统计上的差异，所以无法以合同纠纷或经济合同纠纷为一致性的统计标准。因此，本书以民事案件作为分析的统一标准，2002 年以前的“民事案件”除本来统计中的民事案件外，还包括经济纠纷以及海事海商案件，以便与 2002 年及以后的民事案件在统计口径上一致。

施密集度大的产品的生产和出口。结合对指标 con_qu_t 和 con_in_i 的说明以及数据分析，我们发现，单位 GDP 中涉及的民事案件数量越少，说明合约实施制度质量越高，越有利于合约密集型产品的出口，所以，本书预期上述模型中合约实施制度质量和产业合约密集度的交叉项估计系数 α_1 为负。同时，模型中包括产业的劳动力密集度和劳动要素禀赋的交叉项以及资本密集度和资本禀赋的交叉项，结合经典的国际贸易理论，劳动力要素丰裕的国家在劳动力密集型产品的生产和出口上有比较优势，资本要素丰裕的国家在资本密集型产品的生产和出口上有比较优势，所以我们估计模型中 α_2 和 α_3 的系数为正。

二、实证结果分析

这里设定的模型包括 5 个产业 1983—2011 年的面板数据，由于时间纬度大于截面纬度，故为典型的长面板数据。由于对 5 个产业的统计比较笼统，每个产业包含的信息很多，所以面板分析出现同期相关的可能性不大，相反，组内自相关问题会比组间异方差问题严重，故采用仅考虑组内自相关 FGLS 作回归分析。

当然，需要对异方差和自相关问题进行检验。首先用似然比（LR）进行组间异方差的检验，检验结果接受“组间同方差”的原假设，认为 5 个截面之间不存在组间异方差。然后，进行组内自相关检验，对扰动项进行一阶自回归，并对原假设进行 Wald 检验（t 或 F 检验），结果强烈拒绝“不存在一阶组内自相关”的原假设，认为存在自相关系数相等的一阶自相关。同时，这里对是否存在自相关系数不相等的一阶自相关也进行了统计分析，对包括个体效应和时间效应的双向固定效应分析的结果都不显著，而只包括个体效应的分析结果为显著（见表 7－10）。

表 7－10　对方程 1 进行回归的结果统计

	混合回归	FGLS 回归，AR(1)，ρ			AR(1)，ρ_i
α_1	−0.002013*** (0.0003002)	−0.000716** (0.00005522)	−0.0002297** (0.000641)	−0.0010732** (0.0006061)	−0.0009996* (0.0005287)
α_2	0.031177*** (0.0059369)		0.0294461*** (0.0060495)	0.2981518*** (0.0927213)	0.2524024*** (0.0655195)

续表

		混合回归	FGLS 回归，AR(1)，ρ			AR(1)，ρ_i
α_3		1.303464*** (0.175951)			1.273034*** (0.3924817)	1.503643*** (0.2965439)
时间效应		—	0.150289***	0.1415754***	—	—
固定效应	饮料	—	—	—	—	—
	化学	—	—	—	-6.695551*	-5.166108***
	食品	—	—	—	-9.2083**	-6.922796***
	机械	—	—	—	-10.59116***	-8.977944***
	纺织	—	—	—	-30.25332***	-24.70693***
样本数		145	145	145	145	145
R^2		0.8794	0.8506	0.7315	0.8644	0.9751

注：***、**、*分别表示在1%、5%和10%水平上显著。

表7-10的回归分别采用了混合效应分析和固定效应分析。作为参考，第2列进行混合回归，考虑各个截面一阶自相关系数相等的FGLS回归分别在第3列到第5列，第6列考虑的是一阶自相关系数不相等的情况。具体分析如下：

首先，不管是混合效应分析还是固定效应分析，α_1 的系数均显著为负，这与预期的结果一致，系数值在-0.002013—-0.0002297间波动。这说明，对合约密集度大的产业来说，合约实施质量提高会减少最终产品生产商的特定关系型投资和被“锁定”风险，增强成本优势，进而促进产品的出口；合约密集度小的产业因为对其他要素禀赋的依赖性更强，比如资源和劳动力密集型的初级产品，合约实施质量的提高对出口的影响不大。相反，制度环境无法给合约密集度大的产业提供制度保障就会阻碍出口，这也是我国改革开放之初制度环境不健全的情况下，机械及运输设备、橡胶塑料等产业出口份额很少的主要原因之一。

其次，α_2 和 α_3 的系数为显著为正，用中国历年分行业的出口数据验证了经典的国际贸易理论。在劳动力丰裕的中国，劳动力密集型产品的生产和出口有较强的比较优势，资本积累的增加有助于资本密集型产品的出口。从数据统计来看，2011年的全社会固定资产投资是1983年的66.5倍，资本密集度最高的机械及运输设备产业的出口从1983年的12.21亿美元增长到2011年的9017.74亿美元，增长了737.6倍，而资本密集度最小的食品行业的出口增长只有

17.7 倍。

考虑时间效应的情况下（表 7－10 的第 3 列和第 4 列），不包含资本和劳动力的制度交叉项系数绝对值最大，为－0.000716，包含劳动力交叉项和制度交叉项的 α_1 次之，为－0.0002297，说明中国的劳动力比较优势可以在一定程度上弥补制度环境不足带来的制度密集型产品出口成本比较劣势的缺陷。三个交叉项回归的结果因不显著而没有包括在表 2 中，这主要是因为制度密集度大的产业往往是资金或技术密集型产业，所以制度交叉项就会和资本交叉项存在解释变量之间的相关性，从而使得估计结果不显著。

但是，在不考虑时间效应的情况下（表 7－10 的第 5 列），三个交叉项都很显著，且 α_1 的系数绝对值增加到 0.0010732，影响效应增大。

最后，若各截面的一阶自相关系数不同，在只考虑个体固定效应而不考虑时间固定效应时，各个系数都显著符合预期，且个体固定效应也很显著。但与一阶自相关系数相等的情况相比，前者的显著性相对较弱，系数 α_1 的绝对值也减少，说明本模型应更多地分析一阶自相关系数相等的情况，这也和面板分析的规律一致，因为这里的截面只有 5 个。双向固定效应和一阶自相关系数不同的 FGLS 估计，因不显著而没有包括在表 7－10 中。

为了使上述回归结果更可靠更具有说服力，我们用中国经济改革研究基金会国民经济研究所编制的中国市场化进程指数代替本书回归方程中的解释变量——国家的合约实施制度质量 con_qu_t，进行稳健性分析。该指数从政府与市场的关系、非国有经济的发展、产品市场和要素市场的发育程度、市场中介组织发育和法律制度环境等五个方面反映中国改革开放过程中经济、社会和法律制度环境的变化情况，每个方面指数反映市场化改革的某一具体领域，各个方面指数又被分解为若干个分项指数。所有指数最好的赋值为 10 分，最差的为 0 分，每个方面指数的得分由分项指数算术平均而得，总体市场化进程指数得分由方面指数平均得到，所以最终的市场化进程指标的值也在 0 到 10 分之间，能从一定程度上代替本书的合约实施制度质量。由于该指数的编制从 1997 年开始，所以这里的稳健性分析选用的时间跨度为 1997—2010 年，其他指标的含义和赋值都不变。市场化制度改革的质量越好，市场化指数分值就越高。考虑到本书前面假设合约实施制度质量越高，越能促进合约实施密集度大的产业出口，所以方程（7－17）中的系数 α_1 应为正，回归结果如表 7－11 所示。

表 7-11　采用市场化指数指标代替合约实施制度质量后的稳健性回归结果统计

	混合回归	FGLS 回归，AR(1)，ρ			AR(1)，ρ_i
α_1	1.144663*** (0.1476809)	0.8443344*** (0.1405167)	0.8775747*** (0.1238524)	0.3557047* (0.0842733)	0.5490546** (0.2612197)
α_2	0.0001407*** (0.0000243)		0.0001262*** (0.0000167)	0.2981518*** (0.0927213)	—
α_3	1.781984*** (0.2146664)			1.115554*** (0.338619)	—
样本数	70	70	70	70	70
R^2	0.8595	0.7723	0.7436	0.7205	0.9426

注：***、**、*分别表示在1%、5%和10%水平上显著。

稳健性分析包括混合回归和考虑组内自相关的 FGLS 回归（分为自相关系数相等和不相等的情况）。产业的合约实施密集度与国家的合约实施制度质量的交叉项系数显著为正，$\alpha_1>0$，符合预期假设，说明国家的合约实施制度环境改善能提高合约密集度大的产业出口，与前面采用单位 GDP 涉及的民事案件数量反映国家的合约实施制度环境的指标回归分析的结论一致。另外，系数 α_2 和 α_3 也显著为正。由于这里的时间跨度减少，导致包括时间趋势项和五个产业个体趋势项的分析都不显著，同时也使得自回归系数不等的 FGLS 回归中的劳动力禀赋与劳动力密集度的交叉项和资本禀赋与资本密集度的交叉项系数不显著，即系数 α_2 和 α_3 的回归结果不理想。

三、主要结论与政策建议

本节以单位 GDP 涉及的民事案件数量度量中国的合约实施制度质量，运用合约实施制度、劳动力及资本要素禀赋和各自要素密集度的交叉项构成的模型，分析了这三类要素对不同产业出口的影响机理，重点验证了合约实施制度环境对不同合约密集度产业出口的影响。

结果发现，合约实施质量的提高更有助于合约密集度大的产业出口。这样的产业往往资金和技术含量都很高，附加价值很大，具有很大的贸易利益，能从一定程度上反映一个国家的竞争优势。这也正是我国改革开放以来制度环境改善带来不同合约密集度的产业出口业绩出现显著差异的根本原因之一，比如合约密集度最大的机械及运输设备产业出口增长速度最快。除此之外，劳动力及资本要素禀赋也分别有助于劳动力密集型产业和资本密集型产业的发展，但若考虑时间效应，加入资本密集度和资本禀赋的交叉项后会与制度密集度和制度质量的交叉项出现相关性而使结论不显著。

这里的政策意义很明显，合约实施质量的提高不仅有助于制度密集型产业、资金和技术密集型产业的出口，优化出口商品结构，扩大机电产品、高技术附加价值产品和节能环保产品的出口，提高我国在国际分工中的竞争力，而且有助于国内产业结构的调整，使整体经济的发展更合理、更健康。从微观层面来看，合约制度环境的改善为经济合作各方提供了解决信任问题的底线和最强大的保障，不仅减少了企业进行技术改造和投资带来的风险和不确定性，使得企业有动力加大技术研发，提高现有出口产品的质量、档次和附加值，而且有利于吸引更多的外资，让中国经济能从更大程度上融入世界，反过来促使合约实施制度环境的进一步改善。

在此，有必要指出，在对我国关税政策、出口退税政策等的具体考察中，我们发现，相关政策制度稳定性的重要性明显高于制度有效性。实证研究结果表明，经济及贸易增长更多地取决于微观主体对政策调整的反应。贸易制度效率虽然对非均衡状态的反应更为敏感，调整速度也更快一些，但这种效应呈现出较明显的效益递减趋向。相比较而言，贸易制度的稳定性对经济增长的影响呈现出逐渐加大的趋势。因此，从经济及贸易增长的可持续性发展看来，保持贸易制度的稳定性更为重要。这意味着政府管理经济的重心在于，促使微观经济主体形成稳定的预期，充分发挥微观主体的能动性和创造性，进而促进经济及贸易的可持续发展。

第八章　新时期中国贸易政策的体系构建

进入21世纪，中国的经济及贸易发展取得了令世人瞩目的成就。2012年我国的经济规模总量及对外贸易总额均居世界第二位，已是真正意义上的经济及贸易大国。但是，与世界上经济及贸易的强国相比，我们仍然存在着很大的差距。合理构建新时期的我国贸易政策体系，促进国家经济及贸易发展从大到强的转变，成为现阶段深化外贸体制改革的重要任务。

第一节　我国贸易体制演变的路径依赖

一定贸易政策体系的确定，相当程度上取决于贸易体制的背景或框架。在探讨贸易政策体系构建之前，先考察我国对外贸易体制的发展演变。

一、我国外贸体制演变的历史轨迹

为系统考察我国贸易体制的历史变迁，这里，我们粗略梳理两百年来我国贸易体制的发展演变。大致可以分为以下阶段。

（一）鸦片战争前的外贸体制

1840年以前，为限制外国商人来华贸易，清朝政府仍沿习以往朝代（始于宋代）的做法，实行"朝贡贸易制度"，即在中国之外国家派使团将贡品献给中国皇帝，皇帝赏赐相应礼物用于补贴使团开支，同时给予进贡国使团进行贸易的机会，允许贡品之外的商品在边界出售，或运往中国首都，并在中国官方严密监督下的专门市场内销售。1684年四口通商开放，清朝政府在江、浙、闽、粤四省首次设立粤海、浙海、闽海和江海四榷关，行使类似现代海关监督之职能。在此之前的明代、宋代等，均只设市舶司，负责管理进出口船舶等。

海禁开放后，清朝政府为限制对外贸易，实行“行商”制度管理对外贸易。所谓行商原为对外贸易中的牙行，清朝政府指定这些牙行作为中外商人进行贸易的中介人（后来这些牙商也自营贸易，称洋货行）。清朝政府指定牙行及洋货行负责承保和缴纳外国船货税项、规礼，传达政府有关法令和管理外商等任务，成为享有对外贸易特权的封建特权商人。为保障行商的地位，清朝政府还以法令形式规定，充当行商必须是“身家殷实”的人，并需经官方特别批准，从而使行商具有封建的垄断性质。

四口开放通商70多年后，1756年英商洪任辉（James Flint）乘武装商船私闯天津、定海等港口，提出种种无理要求。乾隆皇帝下令，从1757年起，对中外贸易实行严格限制，改四口通商为一口通商，只许欧美国家商人到广州一个口岸通商，并实行“公行”制度。但并不禁止欧美殖民地商人到其他三口岸贸易。所谓公行，最初是指行商为对付英国公司大班联合经营行为，避免洋货行之间内部竞争，由行商联合起来，制定行规13条，设立的行会组织（即总商会）。后于1760年获得清朝政府正式批准，实行公行制度，即规定外国商人来华贸易及相关事物必须通过清朝政府特许的“公行”来进行，不得直接与中国其他商人进行贸易。于是，形成了一种特殊的、封建的、垄断性质的对外贸易制度——公行制度。由于乾隆皇帝改四口开放为单一口岸开放，同时也造就了广州及粤商的兴起和繁荣。

（二）鸦片战争后的外贸体制

在广州单一口岸贸易时期，中国与西方国家之间的贸易不断增加。其中，中英贸易在18世纪后期已经占广州口岸的一半以上，至19世纪20年代更是占80%左右。而在正常的中英贸易中，中国一直处于有利的顺差地位，英国每年要支付数以百万两白银的贸易差额。这种贸易上的不平衡，与英国的扩大海外市场、进行殖民掠夺的要求大相径庭。

1840年6月，第一次鸦片战争爆发，这次战争是英国资产阶级为保护鸦片贸易、扩大商品输出而发动的侵略战争。这次战争，中国因多方面落后，最终战败，于1842年8月签订了中国近代历史上的第一个不平等条约——《中英南京条约》。从此，中国被迫向西方列强开放门户。1857年，为进一步打开中国市场，强迫清朝政府接受鸦片贸易，英法两国发动了第二次鸦片战争，战争持续了4年，1860年英法联军攻占了北京。清朝政府被迫与西方列强签订了《天津条约》《瑷珲条约》《北京条约》。

由于西方国家强加的一系列不平等条约，中国的国家主权受到严重损害，原来的朝贡贸易制度转变为条约贸易制度（即以不平等条约为基础的贸易制度）。具体体现为以下方面：

1. 海关及关税制度自主权的丧失

根据《南京条约》《天津条约》《北京条约》，外国商品在中国各口岸海关的登记、检验、核查及关税征收等，均由各外国领事馆处理；中国关税按“值百抽五”的税率征收，外国商品进入中国口岸之外的所有国内税收按关税的税率减半征收。中国关税税则和税率的确定与调整，由中国政府与有关各国协商制定。而且，海关总税务司由外国人把持。显然，协定关税特权的确立，标志了清朝政府已丧失了本国海关和对外贸易的国家主权。

2. 单方面的多边最惠国待遇

《南京条约》及其补充，使英国单方面享有在中国的最惠国待遇，而其他西方国家相应效仿，使原本具有双边性质相互的最惠国待遇条件演变为单一方面的多边最惠国待遇。

3. 条约口岸的开放

从1842年《南京条约》的五口开放通商，到1895年《马关条约》签定，中国有40多个口岸城市被迫对外开放。几乎是每一次不平等条约的签订，就有一批口岸城市开放。增加通商口岸，成为西方列强援引的惯例。西方国家强迫清朝政府开放口岸城市的主要原因在于：一是口岸过少、转运不便导致中外贸易发展不畅；二是由于不愿缴纳双重关税及国内税收（子口税），强迫中国维持一次性的极低关税，以便推进对华贸易。当然，口岸的开放相应带来租界的增加、扩大等，也是重要的原因。

4. 外国在华特区——租界

外国租界是《南京条约》以后才出现的。中国历史上最早的租界出现于上海（1845），它是清政府给予外国在华治外法权的产物，是在中国境内由外国法律管辖并受外国军队保护的区域。当时，英国人最早引进西方的“自治城市”（Municipal Council）模式来管理租界，使租界成为“国中之国”。随着口岸租界的数量和面积的不断扩大，租界特权的加大，租界成为外国冒险家的“乐园”。外国租界控制了中国的对外贸易和海关，也实际控制了中国口岸城市的交通运输。

（三）民国时期的外贸体制

该时期中国的对外贸易由条约贸易制度转变成为帝国主义与官僚买办混合控制的半殖民地贸易体系。一方面，西方列强利用国民党政府对其经济上的高度依赖（如外债、入超等），使其洋行、公司在商品流通的各个环节及其他领域进一步扩张，控制了中国的对外贸易及相关外汇、金融、航运、保险、商检等行业；另一方面，官僚资本开办各种垄断性进出口公司，与外国垄断资本勾结，垄断经营几乎所有重要物资的进出口贸易。该时期中国外贸体制变化主要体现为：

1. 关税制度的变化

1926—1928 年，国民党政府为取得提高关税的权力、增加财政收入，经过长期谈判，于 1928 年和美国签订了“关税自主协定”（随后其他国家效仿），使关税税率水平根据产品不同而分别制定，由 2.5% 到 22.5% 不等，修订了清朝和北洋政府不平等条约的部分内容，在一定程度上恢复了本国关税的自主权。

2. 贸易制度的变化

抗日战争开始后，国民党政府一直实行外贸管制制度。成立贸易委员会（隶属财政部）作为主管机关，负责进出口商品的管制、外汇管理和国际结算。国民党政府将出口商品分为两大类：一类为军需物资（禁止出口）；另一类为可出口物资（农副产品、矿产品）。贸易委员会下设复兴商业公司、富华贸易公司、中国茶叶公司三大公司统购统销重要农副产品；重要的特种矿产也实行政府专营（统购统销）。在进口方面，国民党政府实行进口许可证和特别进口许可证管理。

（四）改革开放前的外贸体制

与该时期我国实行高度集中的行政管理计划体制相适应，这一时期的外贸体制是一种集外贸管理与经营于一体的行政性计划体制。该体制的特点为：高度集中，国家统制，政府专营，统负盈亏，政企合一。该时期的对外贸易在国民经济中处于附属地位，在国民经济自力更生、自给自足的前提下，主要是发挥调剂余缺的作用。该时期外贸体制具体表现为：

1. 外贸经营实行严格的国家统一管制制度

进出口贸易的经营权，按照严格的专业分工授予具有垄断性质的国家外贸总公司及其所属的口岸分公司，其他任何企业都无权从事对外贸易的有关业务。

2. 外贸管理执行严格的指令性计划

有关计划具体由业务严格分工的垄断性专业外贸公司执行完成，同时，实施相应的审批许可、保护性关税、货运监管等制度安排，对外贸活动予以有效监督和保障。

3. 实行高度集中的外贸财务体制

外贸公司的经济核算与国家预算挂钩，盈亏由国家外贸部统一核算，国家财政统负盈亏。

4. 外贸执行国家统一定价

具体实行国际、国内分别定价制度。进口商品的国内销售价格、出口商品的收购价格由政府物价管理部门制定；进口商品的购进价格和出口商品的外销价格，则采用国际市场的价格。

（五）改革开放以来的外贸体制

改革开放以来，伴随整体经济的市场化改革，中国的外贸体制进行了一系列的改革，逐渐从高度集中的、以行政管理为主的国家垄断外贸体制，逐步向适应市场经济体制的外贸体制转变。该时期外贸体制的演变，基本上沿着政府放权、政企分开，宏观管理体系向国际通行惯例靠拢的方向发展。经过 30 多年的改革，中国已初步建立起一个基本符合市场经济要求和国际贸易惯例、具有中国特点的外贸管理体制。

二、现阶段我国贸易体制演变路径的选择

进入 21 世纪后，中国经济体制发展的外部环境发生了根本性变化。伴随经济全球化进程的加速，中国的贸易体制面临着重大转变。按照 WTO 对其成员的体制要求，我国必须建立起符合 WTO 要求的体制框架——市场经济体制，宏观经济管理体制在整体上能与世界通行的国际惯例接轨。所谓市场经济标准，按欧美国家的定义，主要有 5 项：（1）货币的可自由兑换程度；（2）劳资双方自由决定工资的程度；（3）允许合资及外资准入的程度；（4）政府对生产方式的所有和控制程度；（5）政府对产品产量、定价和资源配置的管理程度。显然，确立这样的市场经济体制，本质上意味着我国经济体制朝着现代市场体制的方向发展。

问题的关键在于，现阶段我国贸易体制演变的方向，到底是有管理的自由贸易体制还是具有中国特色的贸易体制？如果是前者，意味着我国现行经济制度体系的根本变革，这一自由贸易体制的路径依赖何在？整个宏观体制（包括经济制度、政治制度及社会架构体系）和微观基础（包括交易运行规则、企业组织及个人价值体系）全面再造，初始设置成本巨大，使报酬递增的机会具有较大的不确定性。尽管该种自由贸易体制在经济理论上颇具魅力，但在社会实践上，特别是中国历史和现行的制度背景下，客观上难以成为现实。

考察近代以来我国贸易体制的演变轨迹，我们不难发现，两百年来中国贸易体制始终贯彻一条主线，即政府因素的巨大作用一直牢固地主导着我国贸易体制的变迁。即便是鸦片战争后的清朝，西方列强强加于中国的“条约贸易制度”仍然必须依赖清朝政府的行政作用才能实行。究其原因，无疑与中国数千年的历史文化及意识形态的价值体系密切有关。儒家伦理文化与皇权体制或中央集权体制的天然融合，马克思主义与中国传统文化价值的有效兼容，客观决定了中国百年来政府始终主导社会经济体制（包括贸易体制）演变的历史局面。

我们认为，在综合社会经济条件不发生重大改变的情况下，中国的经济体制及贸易体制的发展，客观上只能是遵循几百年来的历史制度惯性，继续沿着政府主导经济运行的方式发展。用路径依赖的观点，制度给人们带来的报酬递增决定了制度变迁的方向。1979 年以来以政府主导为特征的经济制度变迁，只要还有效率，它仍然会持续下去。只有这种制度变迁被长期锁定于某种无效率状态时，才可能出现原有制度中变异机制对承袭机制的替代。现阶段我们需要进行的，实际就是如何使我国的经济贸易体制大致适应经济全球化、国际化的发展要求。从制度和组织变迁理论看，这种体制变化本质上属于外部制度成功嵌入本地社会结构之后，人们的行为逐步地适应这些制度或规则的变化过程。

必须指出，贸易体制的演变，必须依赖其他基础制度，如经济体制、政治体制、社会体制等的综合变迁。否则，即使是强制性变革贸易体制，也是难以真正发挥效力的。从根本上而言，经济体制或贸易体制的彻底转变，客观上制约于一定社会历史形态对制度及组织的惯性作用。

第二节　大国崛起中贸易政策的策略选择

一、经济史上大国崛起的贸易政策策略

这里的“大国”指的是在国际体系中发挥领导作用、经济规模大且实力雄厚的世界一流国家，即世界性大国。在经济史上，真正意义的世界大国是在西方世界兴起之后才出现的（此前世界上只有区域性大国）。这里将按照经济史的时间依次粗略分析英国、美国、德国、日本等大国在经济崛起中的贸易政策策略取向。

（一）大国崛起中英国贸易政策：对外谨慎开放到贸易自由，对内贸易自由

需要指出，虽然英国是在工业化初期即成为世界大国的（这与其他大国的崛起条件不同），但是，英国作为工业革命的发源地，率先进入工业社会、推动世界经济体系形成的领导作用，是之后其他国家难以企及的。在英国迈向世界大国的过程中（1823—1862 年），伴随经济增长，所得税逐步可以替代关税成为财政收入主要来源，对外贸易政策总体上从谨慎开放到趋向贸易自由（1842 年），废除谷物法（1846 年），最终成为国际经济中的自由贸易国家（1860 年）。其中，1860 年英法签署科布登—谢瓦利埃条约（The Anglo-French Treaty），随后，英国又和其他国家签署了降低关税的商贸条约，使贸易自由扩散到欧洲大部分地区。崛起中的英国对内贸易政策是由放松管制到自由放任。至 1860 年，英国已成为世界唯一的领导国。工业生产能力已占世界的 40% 以上，煤产量为世界的 51.5%，生铁量为世界的 50%，棉花消费量是世界的 49.2%。19 世纪中叶，英国成为真正的“世界工厂”和世界贸易中心。

（二）大国崛起中的美国贸易政策：对外高关税贸易保护到贸易自由，对内贸易自由

事实上，美国在真正成为世界领导大国（1945 年）以前，就已在工业生产能力方面超过了英国。1881—1885 年，美国工业生产已占世界工业的 29%（英国为 27%），成为世界第一工业生产国。但是，从南北战争之后到罗斯福新政之

前，美国政府对外一直实行高关税保护本国制造业发展的对外贸易政策。然而，与对外实行高关税贸易保护不同，美国对国内经济一直实行的是自由贸易政策（这方面德国亦是如此）。在世界经济体系形成的初期，对外实行高关税贸易保护与对内实行自由贸易的政策组合，有力促进了美国经济的迅速崛起。

然而，当本国生产力的市场边界超越国界发展时，对外实行的贸易保护主义政策便成为经济发展的主要障碍，“以邻为壑”的对外贸易政策也将最终损害自身的利益。1929—1933年的世界经济大萧条的发生及加剧，相当程度上应归咎于以美国为代表的贸易保护主义政策。1933年，罗斯福就任美国总统，面对世界经济大危机，开始实施新政，并于1934年通过《互惠贸易协定法案》（Reciprocal Trade Agreement Act）。该法案标志着美国建国以来对外贸易政策基本取向的重大转变。美国的关税水平从此逐步降低，对外贸易政策迈向自由贸易。第二次世界大战后到20世纪70年代初，美国贸易政策的重心是力主倡导多边贸易体制下的贸易自由化。贸易自由化既利于美国谋求世界政治霸权地位，也利于美国扩大世界市场份额，使美国成为世界的领导国家。

（三）大国崛起中的德、日贸易政策：对外区域或渐进开放，对内经济自由

虽然德、日两国的经济崛起是在1950—1970年，但早在20世纪初期，两国就已是世界先进的工业生产国家。第二次世界大战后，两国经济迅速恢复和发展，创造了经济史上的“西德奇迹”和“日本奇迹”。

经济崛起中，德国的贸易政策基本取向可以概括为：对外实行区域开放，借助欧共体实力，总体面对世界经济变化；对内实行经济贸易自由。

经济崛起中，日本的贸易政策取向可以概括为：对外实行渐进的贸易自由；对内实行充分的贸易自由。对外实行渐进的贸易自由表现为：日本政府在20世纪60年代初和70年代中期推行结构性保护关税和严格限制外资为主的限制性进口贸易政策，以及出口优惠金融制度、出口振兴税收制度和出口保险制度等一系列优惠性出口贸易政策。70年代中期以来随着对外贸易摩擦的加剧，日本将贸易立国战略逐渐向技术立国和扩大内需的战略转化，同时将原有的保护贸易政策逐渐向贸易自由化方向转变。主要表现有：（1）逐步降低市场准入条件。（2）加大反垄断政策与措施力度。（3）加大引进外资力度。（4）加强对知识产权的保护。（5）由否定区域主义到认同区域经济合作和双边贸易安排。

两国贸易政策基础的共性在于：均存在对国外市场和资源的很大依赖；对内均实行基于竞争的经济贸易自由。两国贸易政策的差异在于：对外保护借助

区域合作的力量；市场准入渐进控制。

二、中国经济崛起中的内外经济约束

大国崛起中的贸易政策取向难免要受到国际和国内经济环境的双重约束，因此，中国贸易政策的制定要考虑内外经济约束。

（一）中国经济崛起面临的外部经济约束

1. 国际金融危机使世界经济进入了大调整时期

由美国次贷危机演变的国际金融危机中止了20世纪60年代以来世界经济持续、快速增长的局势。目前看来，世界经济大局虽然已基本稳定并回暖，但世界经济金融的深层次矛盾仍未得到有效解决，经济增长的内生动力依然不足，世界经济形势恶化的趋势短时期内难以扭转，有可能经历一个较长的低迷和调整期。调整过程中将导致世界经济旧体系的崩溃，同时新的经济体系将逐步建立。

2. 贸易摩擦和贸易保护主义进一步升级

全球金融危机背景下各国虽然纷纷表态要反对保护主义，但在实践中发达经济体和部分发展中国家都公开或变相采取了一些保护性贸易政策，贸易保护主义倾向在全球范围内再次升级。贸易保护主义加剧了贸易伙伴与中国的贸易摩擦，使中国成为最大的受害国。

3. 全球经济一体化的发展

经济全球化是当今世界的最重要特征之一。在科技革命的推动下，经济全球化加快发展，生产要素在全球范围内的流动增多，各国市场的相互依赖不断加深，国际经济贸易规则日益趋同，世界各国的经济联系越来越紧密，越来越多不同社会制度、不同发展水平的国家被纳入全球经济体系之中。

4. 当代世界经济发展的主要挑战

世界经济发展面临三大阻碍：不断攀升的油价、未果的世界贸易谈判和全球经济收支失衡。

（二）中国经济崛起面临的内部经济约束

1. 经济工业化进程及结构调整

目前中国整体经济处于经济工业化进程的中后期阶段，2012年中国人均GDP首次超过了4000美元（美元贬值因素）。伴随经济的工业化进程，中国的城市化进程也在明显加快。国际发展经验表明，在人均 GDP 超过 3000 美元的工业化中后期，经济增长仍呈加速状态。伴随经济的快速增长，产业结构、流通结构、消费结构、技术结构及收入分配结构等都将出现深刻变化。

2. 经济增长模式的综合转变

中国现有的经济增长模式面临综合性转变，主要表现为：

第一，由于内外资源和环境的约束，经济的粗放式增长必须逐步向集约式增长方式转变。我国人均资源十分短缺，传统粗放型经济增长方式与资源、环境的矛盾日益加剧。目前，中国的土地、淡水、能源、矿产资源和环境状况已对经济长期发展构成严重制约。目前中国每年消耗 30% 以上的世界基础原材料，GDP 却只占世界的 7% 左右。

第二，由于外部市场约束和国际经济摩擦加剧，主要依赖外需拉动的经济增长，必须逐步向内外结合、以内需为主的经济增长方式转变。

第三，由于扩大内需主要依靠投资拉动，最终需求不足，必须逐步向依靠消费需求拉动的经济增长方式转变。由图 8－1 可知，1978—2008 年中国三种消费率的变化趋势中居民消费率一直高于政府消费率。

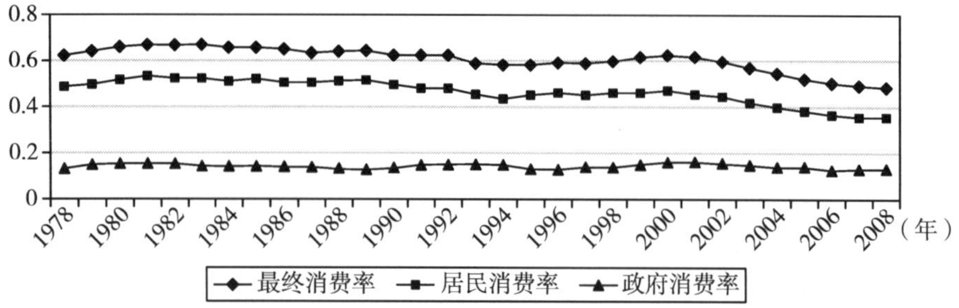

图 8－1　1978—2008 年中国三种消费率的变化趋势图

第四，由于社会经济资源配置效率不高，政府主导的资源配置方式必须向市场配置资源的方式转变。

第五，由于收入分配机制不合理，贫富两极分化严重，以往的效率优先发展原则正在向兼顾效率与公平转变。

根据主要发达国家的历史经验，经济工业化的中后期阶段，大致需要 10 年左右时间。因此，如果世界经济不出现重大意外事件，中国总体经济在未来 5 年，仍将保持持续增长的局面。但是，如果全球金融危机进一步恶化，形成世界经济大萧条，中国的工业化进程可能延缓甚至中断。显然，不论是拉动经济增长的内外需求结合或内需为主，还是建立消费主导型经济增长方式，中国经济无疑正面临着改革开放以来重大的发展模式转变。经济大国的工业化经验充分表明，内生性经济增长是一国实现工业化的关键所在。

三、大国崛起中我国贸易政策的策略选择

从制度质量视角判断经济及贸易政策的取向，对于保持中国经济的长期增长具有重要意义。

一方面，要站在大国崛起的战略角度，根据中国经济崛起中的内外经济约束确定中国贸易政策的基本策略。从以往大国崛起的国际经验角度，现阶段中国贸易政策的选择方向大致有以下可能：一是对外贸易保护，对内贸易自由（美国模式）；二是对外渐进开放，对内经济自由（日本模式）；三是对外区域开放，对内经济自由（德国模式）。

从当代经济全球化进程来看，日、德模式相对接近中国经济现实。其中，德国模式更具有吸引力。对外区域开放即对外寻求一定区域的开放，可以借助区域整体力量适度保护本国经济发展，避免中国单独面对主要经济体的强大压力，减少大国崛起中与当今主要大国发生体制性摩擦，同时可以逐步使国内经济及贸易制度与国际通行市场规则接轨，加快经济发展步伐。中国要在融入WTO多边经贸关系的同时，更加注重在区域经济一体化组织中的地位与作用，以更加积极的姿态参与区域内各领域的经贸合作。对内经济自由则可以充分激发民间经济的活力，逐步形成国内经济自我发展的内在机制，使本国经济具备应有的效率，这将利于中国经济的长期稳定增长。大国崛起的国际经验表明，已有大国崛起的进程，都是对内开放，实行经济贸易自由，确保国内经济的活力与效率，再逐步进入大国竞争的行列。

因此，在外需依赖程度较高的现阶段，对外区域性开放、对内经济自由的德国模式不失为现阶段中国贸易政策取向的一种较佳选择。

另一方面，必须切实改进经济制度及贸易制度的质量，以保障中国经济的可持续发展。按照新制度经济学的观点（诺斯，1981），只有那些具备有效率制度的国家才能长期发展并繁荣，而那些具备无效率制度的国家则没有发展。经济发展的国际经验也表明，一国的经济增长相当程度上取决于该国贸易政策的合理安排和运用。不论从保持中国经济的长期繁荣，还是发展社会主义市场经

济的内在需要，或是转变经济增长方式，构建内外结合、内生性增长为主的经济发展模式来看，中国必须进一步深化市场化改革，构建适应经济发展新形势的高效的稳定的贸易政策体系。

总之，必须按照市场经济发展的内在要求，进一步优化经济及贸易制度安排。通过提高贸易制度管理质量，改善经济运行环境，促进中国经济结构及贸易结构的演进与升级，保障全球化背景下国家经济工业化进程的顺利进行。

第三节　新时期我国贸易政策的基本取向

一、制约贸易政策调整的主要因素

从我国目前的现实情况来看，现行贸易政策的调整，实际牵涉到国内外诸多政治经济关系的处理，并受制于多方面因素。大致而言，以下客观因素直接制约着我国现行贸易政策的调整。

第一，WTO 体系下我国需要履行的有关义务。作为 WTO 的正式成员，我国将在今后几年确立符合市场经济国际规则的经济管理体制，整个宏观经济管理体系需要进行新的调整。就贸易管理而言，不论是关税政策、进出口政策，还是市场准入、投资政策以及有关经济开放的各项政策，都必须基本符合 WTO 的有关原则。其中，非歧视原则下的国民待遇、公平竞争与贸易、贸易政策的透明度、服务贸易市场准入等有关问题，在相当程度上制约着我国贸易政策调整的基本取向。

第二，确保我国国民经济持续发展的客观要求。作为国家整体经济政策组成部分的贸易政策，必须服务于保持国民经济持续发展这一总体经济发展目标。这一总体目标内在规定了我国贸易政策的形成基础。不论是贸易政策的制定还是调整，确保本国经济的持续发展总是第一位的。经济开放本身只是手段，真正的目的在于，通过改革开放，促进本国经济的发展和社会生产力的提高。制定贸易政策，实际就是在此基础上，形成能为国际社会特别是主要贸易伙伴所接受的有关政策体系。

第三，作为贸易大国必须平衡的国际经贸关系。近些年中国经济贸易的高速发展，有力地拉动了经济的总需求，促进了国民经济的持续发展；但使中国与主要发达国家的经济贸易摩擦逐步加剧。在经济的工业化过程尚未完成之时，因贸易的迅速增长而引起的贸易冲突加剧，对我国经济的长远发展相当不利。因此，现行贸易政策的调整必须适当保留贸易平衡政策运用的活动余地。我们认为，伴随我国经贸地位进入世界前列，未来很长一段时期，我们将不得不花费相当精力应付经贸冲突带来的贸易平衡问题。对此，我们必须有充分的思想和组织准备。

第四，贸易政策调整的路径依赖。调整贸易政策意味着相关政策管理体系的变化，将不可避免地导致原有管理体制的改变。这里的问题是，改变原有政策协调机制所带来的协调成本增加，是否使调整后的管理更有效率。建立开放经济下的贸易综合管理体系是大势所趋，但新的协调机制的有效作用客观上存在一定的路径依赖问题。换言之，现行贸易政策的调整，应具有一定的连贯性或继承性，尤其是贸易政策的改变要与其他相关政策衔接配套。要尽可能避免因贸易政策的变化而引起的整个宏观管理政策体系运行效率的降低。这方面，有机地融合现有的相关政策体系，是使新的内外贸易一体化综合管理体系有效运行的重要保证。

二、现阶段我国贸易政策调整的基本取向

贸易政策的取向实际可分为两个层面：贸易政策的体制约束；贸易政策的支撑基点。前者是制定政策所依托的背景条件；后者是贸易政策作用的主要目标。

（一）关于贸易政策的体制约束问题

这一问题直接关系我国今后贸易政策的基本方向，具有至关重要的战略意义。在我们看来，加入 WTO 之后，我国的社会经济发展将会逐渐实现方向性转变，绝非单纯意义的国际组织进入问题。如果仅仅是表层上的修订、调整，中国的“入世”，便不具有历史性的革命意义。成为 WTO 的正式成员后，客观上规定了今后我国经济体制的发展方向，必须符合 WTO 要求的体制框架——市场经济体制，宏观经济管理体制在整体上能与世界通行的国际惯例接轨。这实际

意味着我国未来的社会经济形态，是朝着现代市场体制的方向发展。因此，今后我国贸易政策的基本取向必须充分体现这一体制转变的发展要求。

现阶段我国贸易政策的基本取向就是：建立和完善一个开放的、符合 WTO 框架的、具有中国特点的综合贸易管理体系。这里所谓开放的是指能够适应经济全球化发展趋势；所谓符合 WTO 框架的是指遵守国际经济通行规则；所谓中国特点的是指符合本国国民经济发展现实、维护我国长远经济利益的贸易管理制度。换言之，现阶段我国贸易政策的调整，不是表层的、局部的调整，而是深层的、整体性的转变。

这种转变体现为以下方面：

1. 贸易政策重心的转移，即从侧重政府宏观外贸战略朝侧重微观主体发展方向转移

伴随经济全球化进程的深化，企业主导外贸发展模式将替代过去的政府主导外贸发展模式。这在客观上要求我国贸易政策的重心，将主要朝微观主体、微观环境的塑造方向转移，如从企业组织政策、竞争政策、政府规制等方面来制定新的贸易政策。

2. 贸易政策基础的转变，即由传统的比较优势为基础逐步向以竞争优势为基础转变

虽然比较优势目前仍是我国参与国际分工的基础，但从我国经济的长远发展看，以动态的竞争优势为基础形成我国的贸易政策，是我国从贸易大国发展成为贸易强国的重要保证。

3. 贸易政策管理方式的转变，即由以往的直接管理向间接管理为主转变

加入 WTO 本身，意味着政府管理经济方式的改变，这是公平原则、透明度原则的具体体现。政府管理的规范化、法律化，必然导致政策管理方式的转变。

4. 贸易政策作用范围的改变，即作用范围由过去单一的外贸领域向整个流通领域延伸

这意味着贸易政策将更多地注重我国内外市场的融通、内外贸易的统一。由局部性政策向整体性贸易政策的转变，对我国经济政策的内外协调提出了新的更高的要求。

5. 贸易政策作用方向的改变，即由过去侧重于贸易限制向贸易促进转变

伴随经济全球化进程的加速，贸易促进已越来越多地替代贸易限制。尤其是本国企业发展的贸易促进问题，直接关系我国实行开放性贸易管理的基础。

显然，以贸易促进作为政策作用的方向，标志着我国原有贸易管理体系的重大改变。这对于过去一直习惯于贸易限制的我国而言，无疑是一场深刻的管理变革。

（二）关于贸易政策的基点问题

我们认为，尽管从大的调整方向上，新的贸易政策要符合 WTO 的体制框架及其有关原则是明确的，但是，现阶段我国贸易政策的基点，客观上是存在着一定的选择的，这就是：我们到底是按严格履行中国“入世”的有关承诺，还是以符合 WTO 有关原则的基本精神为界，来制定我国今后的贸易政策。这是问题的焦点所在。

众所周知，一国实施贸易政策的根本目的，是保护本国经济健康发展的同时，促进本国与外国之间的贸易发展。贸易政策本身具有双重目标，当现实经济中两方面不发生冲突的时候，贸易政策的实施意味着双重目标的同时实现。但如果实施过程中两方面存在摩擦及严重冲突，就必须对其中的一个目标进行修正，以保证贸易政策的有效实施。在我们看来，贸易政策的首要目标是保证本国经济的健康发展。一国贸易政策是倾向于保护或开放，还是中性的，根本上取决于该国经济发展的状况。对此，我们绝不能本末倒置。贸易政策本身就是政府对贸易自由的干预，它的制定与调整，必须基于本国经济发展的实际和市场机制的有效作用。否则，贸易政策很可能失效或产生扭曲作用，丧失其自身的价值。

事实上，WTO 有关规则的例外条款，在制度安排上，已经给予一国保护本国经济正常发展的合法地位。在我们看来，“入世”时个别国家对中国在市场准入方面的某些苛刻要求，实际上并不符合 WTO 的基本原则。我国只能在 WTO 的体制框架下，履行我们应当履行的承诺。因此，贸易政策的基点就是保证中国国民经济的持续发展，尤其是促进国内主要产业的健康发展。当然，贸易政策的制定和实施，必须符合 WTO 的框架及有关规则。

显然，现阶段我国贸易政策的调整受到多重因素的制约，不是单一因素所能决定的。贸易政策既要适应国际环境的变化，也要服从国家利益的客观要求。在我们看来，现阶段贸易政策的制定，既不能依据单一自由主义的或马克思主义的原则，也不能依据单一的民族主义原则，应该符合国际经济规则，综合体现本国根本利益，并具一定国际意义。当今各国贸易政策的发展，有明显的趋同现象。经济全球化正在使各国国内政策向国际化方向发展，对原有的国家主导模式提出了新的挑战。作为世界经济重要力量的中国，经济政策（包括贸易政策）不可能不体现国际经济环境发展变化的要求。

第四节　改进我国贸易政策制度质量的建议

作为经济增长的发动机，一国的贸易发展对经济增长的作用已被世界各国的发展历史充分证明。而贸易发展的国际经验表明，一国贸易的成功与否在很大程度上取决于该国贸易政策是否得到合理安排和运用。因此无论是贸易本身要实现可持续发展，还是主动适应国际经贸格局变革，特别是加快转变经济发展方式，我国的贸易政策都必须进行调整。

就中国贸易制度和政策的质量改进而言，现阶段的关键在于：加快形成有效率的市场制度环境（如合约的执行，财产及知识产权支配的保护，对投资者的保护，政府政策的承诺，腐败控制等），构建国内经济自由发展的客观基础。

从制度质量视角分析，现阶段的贸易政策质量改进在确定了基本取向之后，需要侧重于以下两方面：一是贸易政策的有效性，即对应基本取向，系列政策工具运用的效力。二是贸易政策的稳定性，即对应基本取向，系列政策的波动性，政策承诺的执行，相关政策的波动一致性和协调性。

一、提高贸易政策的制度有效性

从中国贸易政策现状出发，提升贸易政策制度有效性，可从以下方面入手。

第一，贸易政策应凸显对知识产权的保护。对知识产权进行有效的保护可以减少甚至完全消除技术创新的外部性，使技术创新者的成本得到合理的补偿。中国作为发展中的大国，虽然知识产权的国际保护在短期内会对国内的贸易和经济发展带来一定的不利影响，但我们应该清醒地认识到，对知识产权的保护是大势所趋，从长期来看，对发展中国家也是有利的。一旦放松对产权的保护力度，不但会受到来自他国的严厉制裁，还会影响中国的国际形象，跨国公司的技术转让速度会放缓，国内进口竞争企业的创新活力也会下降，最终不利于贸易政策制度有效性的提高。

第二，贸易政策应推进劳动分工的发展。亚当·斯密认为，国民财富增加的根本原因在于劳动生产率提高，而劳动生产率的提高要靠劳动分工的发展。市场规模的扩大会引致劳动分工的深化，劳动分工的发展又会促进市场规模的进一步扩大，两者之间是一个循环累积的演进过程。两者之间的良性循环一旦形成，就会产生经济起飞的现象，而当分工演进的潜力因人口规模或与制度有关的交易条件的限制而受到影响时，分工演进就会减缓，严重时甚至会停止，社会就会进入经济增长的减速甚至衰退阶段，人均实际增长率下降。国际分工和贸易政策之间相互影响：一方面，国际分工状况是各个国家制定对外贸易政策的依据；另一方面，贸易政策是推进或延缓国际分工形成和发展的影响性因素。我国贸易政策的制定应有利于国内劳动分工和国际分工的深化。

第三，贸易政策应长期重视、不断优化权利分配。权利分配问题主要涉及政府的目标和利益集团的寻租问题，是制度有效性的决定因素之一。对政府而言，有中央和地方两级政府的双重影响。从中央政府的角度来看，作为最权威的贸易政策的供给者，中央政府在推进贸易开放的过程中体现了足够的智慧，这已经被贸易发展的现实所证明。不足的是，中央政府在市场化进程中所体现的是一种“强权政府”，贸易政策变革的模式仍是“政府主导——企业跟进——个人参与”的发展态势，经济主体的积极性没有得到全面的体现和充分的发挥。从地方政府的角度而言，贸易发展仍面临着比较严重的地方保护问题，市场分割的现象依然存在。如果对这一现象不加以制止，任其蔓延，市场经济的基本秩序就会混乱，并进一步滋生官僚腐败。因此，今后一段时期内中央政府和地方政府应该更加明确自己隐藏在贸易政策背后的实际政府目标，避免不必要的社会福利损失。当然，除了政府之外，我们也不应忽视利益集团的影响，降低利益集团对政府贸易政策的影响权重。

第四，贸易政策应注意调节贸易发展的区域性差异。中国贸易发展的区域性差异跟梯度型推进的改革开放战略有关。这种由东向西、由点及面的逐步推进的改革和开放，使东部地区优先或独自享有了某些贸易政策，进而拉开了地区之间的贸易政策的制度质量差距。面对中国贸易发展的区域性差异，政府应该对中部和西部地区的贸易发展进行适时的、必要的政策扶持，不断发掘中西部地区的贸易制度潜力，尽快帮助中西部地区发展对外贸易。

第五，贸易政策应继续全方位推进贸易开放，以贸易和经济发展解决收入差距问题。库兹涅兹曲线表明，经济增长与不平等之间存在倒 U 型关系，当经济发展到一定程度，经济增长会带来收入不平等现象，而对外贸易又常被视为经济增长的发动机，因此，面对中国日前不断加大的收入差距，我们认为一方面使贸易政策对中西部地区予以倾斜，帮助尽快发展对外贸易，只有中西部地区取得与东部地区相当的经济发展水平，中国才能实现真正意义上的区域均衡发展。另一方面，中国的贸易政策应继续全方位地推进贸易开放，只有贸易发展和经济增长发展到一定程度，中国的不平等问题才能从根本上得到解决。

二、增进贸易政策的制度稳定性

传统的制度质量分析主要强调制度的有效性层面，对制度的稳定性关注较少。对于身处贸易体制变革进程中的发展中国家而言，贸易政策的制度质量低下、制度环境恶劣是普遍存在的问题，而这些问题的解决都依赖于制度稳定性的改善。从我国贸易政策的现状看，增进贸易政策稳定性，需要注意以下几个方面。

第一，贸易政策的稳定性要与贸易政策的有效性相匹配，并根据贸易政策有效性的动态变化进行相应的调整。制度稳定性为制度有效性提供保障，在制度边际收益递减的作用下，随着时间的推移和周围环境的变化，政策制度有效性的下降是不可避免的。如果任由其下滑而不加以制止，一国不仅无法享受有效的贸易政策所带来的全部好处，反而承担政策有效性不断下降的成本。此时，如果处理不好政策有效性和稳定性的关系，较低质量的政策就有可能被“锁定”，“政策陷阱”就可能开始出现，长期的贸易发展和经济增长也就失去了保障。

第二，贸易政策稳定性调节应以发挥微观主体的能动性和创造性为导向。贸易政策的不稳定性，包括政策的经常性逆转、政策之间的不一致、政策指标的高波动性，会为微观主体创造一个不良的经济环境，会压制微观主体进一步的生产性活动，因此，贸易政策的稳定性调节要注重发挥微观主体的能动性和创造性。

第三，注重贸易政策与其他经济政策之间的协调。贸易政策稳定性的维持离不开贸易政策与包括货币政策、外资政策在内的其他经济政策之间的协调。贸易政策在贸易领域发挥主要作用，对其他经济领域也会产生一定的影响，因此，贸易政策的稳定需要其他经济政策的支持。贸易政策只有与其他经济政策相互配合，才能得到其他政策的支持和配合，稳定性也高。

总之，必须按照当前深化经济体制改革和加快转变经济发展方式的内在要求，进一步优化贸易制度安排，通过提升贸易政策的制度有效性与稳定性，改善贸易和经济的运行环境，促进我国贸易机构和经济结构的战略性调整，以“靠深化改革而形成的制度红利”代替“人口红利”和“资源红利”，推动贸易更有效率、更加协调、更可持续地发展。

第五节　现阶段我国贸易政策的体系完善

具体而言，现阶段我国贸易政策的体系完善需要注重以下方面：

一、加快构建内外经济融通的综合性贸易管理体系

从转变经济发展方式，构建内外结合、以内生性增长为主的经济发展模式来看，为确保我国国民经济的可持续发展，我国单一的外贸外经管理体系必须转变为内外经济融通一体化的综合管理体系。从贸易政策的实际运作层面看，这方面的主要难点在于，与贸易政策相联系有关政策的综合配套，尤其是贸易政策与金融政策、财政政策、产业政策、市场政策等相关政策体系的相互配套。这一体系必须超越现行的部门管理系统，才能形成内外经济一体化综合管理体系。后危机时代，我国外贸领域面临的问题日益增多，且日益复杂，涉及部门极广，内部协调事务不断扩大，当前的体制已难以适应我国外贸发展的实际需要，尤其是在外部壁垒和挑战不断增多的情况下，单靠外贸主管部门难以及时有效地解决所有问题。为巩固我国贸易大国的地位，推进向贸易强国的转变进程，保证外贸政策的统一实施，在世界范围内维护我国的经济、政治、外交和安全利益，有必要设立由国务院牵头的跨部门政策协调机制。

二、建立开放条件下促进重要产业发展的政策体系

该方面的任务主要有二：一是尽快制订符合 WTO 原则的国内重要产业保护

政策；二是实施具有针对性的产业组织发展政策，实现国内重要产业的企业集中化发展。关于国内重要产业的保护政策，我们认为，只要不违反WTO有关原则，适当的产业保护是有必要的。鉴于WTO的规则体系本身存在着应用方面的矛盾之处，充分运用有关规则的弹性，适度保护我国的重要产业，既是可行的，也是合理的。例如，市场准入原则运用中对市场准入程序的控制、准入范围和程度的把握；最惠国待遇原则例外中，保障措施的选择性运用；反倾销协议中临时措施的实施；等等。必须清醒认识到，世界上的主要大国在经济开放过程中都对本国的重要产业予以适当的保护。现阶段产业组织发展政策的核心是促进优势企业的迅速成长。无论是企业的兼并、联合政策，还是市场竞争，经济规模控制，以及市场进出等规制，都是为了创造良好的竞争环境，鼓励优势企业的成长与扩张。

三、构建促进国内企业国际化发展的政策体系

目前，推进我国企业的国际化发展已经变得相当紧迫。现阶段的主要任务是大力促进国内优势企业的海外扩展。国内优势企业的国际化发展，既可以减少贸易摩擦，又有利于增强我国企业的国际竞争能力。从国际经验来看，所谓一定产业的国际竞争力，其实就是产业内有几家具备国际竞争力的企业。面对日益加速的经济全球化，国内优势企业必须具有国内国外两方面发展的能力。具体可在国外市场进入、国外市场开发、企业技术创新等环节予以切实的政策支持，形成系统的贸易促进政策措施。

四、改革与完善中小企业贸易促进政策体系

对于我们这样人口众多、就业形势严峻的国家，保护相当数量中小企业的生存与发展，有利于保持经济贸易的竞争活力，对于缓解我国面临的巨大就业压力，具有至关重要的战略意义。可积极做好以下方面。

一是要加快制定保护中小贸易企业发展的有关法规，避免出现发展经贸、减少中小企业的不利局面。就保护中小企业发展政策看来，必须尽快出台具有行业特点的中小企业发展保护政策。其中，进出口贸易、销售服务等服务贸易领域的问题尤其突出。这些领域的市场开放程度很高，国外企业的竞争优势特

别突出，对国内中小企业的冲击最大。

二是积极落实促进支持中小企业发展的财税金融政策，解决中小企业融资难的突出问题。目前中小企业特别是小企业融资矛盾依然突出。中小企业中长期贷款不足，小企业贷款规模和比重仍然过低，为中小企业服务的中小银行发展滞后。资本市场发育程度不高，直接融资渠道还需进一步拓宽。政府要完善小企业金融服务，积极引导银行业金融机构创新体制机制，创新金融产品、服务和贷款抵质押方式，积极发展中小金融机构，扩大对小企业的贷款规模和比重。要进一步加大财税等政策扶持力度，重点支持中小企业技术创新、结构调整、节能减排、开拓市场、扩大就业，改善对中小企业的公共服务。加快设立国家中小企业发展基金，充分发挥财政资金的引导作用，带动社会资金支持中小企业发展。

三是大力引导支持中小流通企业进入软件、物流、服务外包、电子商务等现代服务业，扩大生产服务业领域和规模，扶持中华老字号等民间特色工艺、传统商贸服务企业，提升服务质量和水平，促进中小零售企业结构调整和优化升级。鼓励和扶持民营中小商贸流通和生活服务企业以及外向型企业发展，充分利用专业园区的优惠政策扶持中小企业进入，积极利用专业市场群以及外贸会展和对外合作交流平台帮助中小企业开阔眼界、拓展发展空间。

五、充分发挥企业中间组织（特别是行业商会）的积极作用

通过企业间自律组织，一方面，可规范国内市场秩序，避免政府干预市场过多；另一方面，以民间组织形式协调国内产业或企业的利益，利于减少倾销行为，也为我国将来实施 WTO 的保障措施条款奠定组织基础。

现阶段要进一步强化国家及省市级商会组织的作用，按照政府主导、市场化运作的模式进一步发挥作用。同时，注重理顺各商会（协会）之间的关系，建立并不断完善商会组织之间的合作机制。从长远看，应加强商会组织与产业部门行业协会的沟通与合作，通过整合调整，形成分工合理、密切配合的商协会贸易促进机制。

六、建立和健全我国市场对外开放的宏观预警体系

经济全球化进程的加快，使国际上大型跨国公司能够实现全球范围的资源

配置。我国传统的贸易壁垒手段，已经无法限制跨国公司在中国的纵深发展。伴随经济全球化的进程，我国社会经济的对外开放会进一步深化。我们必须准确把握我国市场对外开放的动态进程，坚决防止中国经济重蹈拉美经济的覆辙。一方面，需要建立相对完备的有关市场开放的法规体系和组织机构，在公开性、透明度原则基础上，规范国外资本的市场准入；另一方面，尽快启动开放经济下宏观市场运行的预警体系，从动态上有效监控我国市场开放的运行，如建立重要产业市场运行的经济安全指标体系，从市场准入、市场规模、市场结构，到产业预警、产业损害，建立有效的产业经济安全防范机制，确保我国重要产业的经济安全。不论是倾销和反倾销的应对、特殊保障措施的运用，还是贸易、资本流动的异动监控，都是非常重要的。应当十分清醒地认识到，经济全球化进程的加速与深化，客观上使中国的经济安全问题十分现实地摆在了我们的面前。

最后，有必要强调，贸易政策的重大转变或调整，必须依赖其他经济政策，如财政政策、产业政策、竞争政策、技术政策等众多政策的综合配套。否则，单一的贸易政策是难以真正发挥效力的。从根本上而言，实现贸易政策的彻底转变，只能依赖于我国整个经济改革的纵深发展。毕竟，贸易政策只是国家整个经济政策体系的一个部分，其作用的有效性及稳定性受制于宏观经济管理体制的整体效率及稳定。

参考文献

1. 白泉旺，俞海山．我国对外贸易政策与环境政策的协调—基于世贸组织规则的研究［J］．国际贸易问题，2007（9）．

2. 蔡洁．基于制度差异视角的贸易摩擦分析［J］．经济经纬，2007（3）．

3. 丁煌．政策制定的科学性与政策执行的有效性［J］．南京社会科学，2002（1）．

4. 道格拉斯·诺思．经济史中的结构与变迁［M］．上海：上海三联书店、上海人民出版社，1994.

5. 道格拉斯·诺思，罗伯特·托马斯．西方世界的兴起：新经济史［M］．北京：华夏出版社，1989.

6. 冯务中．制度有效性理论论纲［J］．理论与改革，2005（5）．

7. 郭苏文，黄汉民．制度质量、制度稳定性与经济增长［J］．当代经济科学，2010（6）．

8. 郭苏文，黄汉民．制度质量、制度稳定性与对外贸易［J］．国际经贸探索，2011（4）．

9. 韩景华，任维．后危机时代贸易保护主义新趋势及应对策略［J］．国际经济合作，2011（2）．

10. 韩小威．经济全球化背景下中国产业政策有效性问题研究［M］．北京：中国经济出版社，2008.

11. 黄汉民，郑先勇．大国崛起中的贸易政策取向及对中国贸易政策启示［J］．国际贸易，2010（10）．

12. 黄少安．关于制度变迁的三个假说及其验证［J］．中国社会科学，2000（4）．

13. 霍春龙，包国宪．新制度主义政治学视角下的制度有效性［J］．内蒙古社会科学，2010（1）．

14. 柯武刚，史漫飞．制度经济学：社会秩序与公共政策［M］．北京：商务印书馆，2000.

15. 孔庆峰，朱俊丽．中国贸易政策的政治经济学分析—基于2002—2007年FDI和对外贸易的面板数据［J］．山东社会科学，2011（1）.

16. 李翀．我国对外开放程度的度量与比较［J］．经济研究，1998（1）.

17. 李钢．后危机时代中国外贸政策的战略性调整与体制机制创新［J］．国际贸易，2010（3）.

18. 李健．WTO体系下我国对外贸易政策与环境政策的协调［J］．经营与管理，2009（7）.

19. 李燕、张波．我国产业政策与贸易政策的协调问题研究：基于制度性贸易摩擦背景下的分析［J］．现代经济探讨，2012（2）.

20. 李文峰．贸易政策形成研究．2001年中国社会科学院博士论文.

21. 李富强，董直庆，王林辉．制度主导、要素贡献和我国经济增长动力的分类检验［J］．经济研究，2008（4）.

22. 李怀．制度生命周期与制度效率递减［J］．管理世界，1999（3）.

23. 李莉．小融资大制度：透过危机看我国贸易政策体系的制度缺陷［J］．国际贸易，2010（4）.

24. 李晓峰．中国对外贸易政策取向的实证研究：基于中韩自由贸易区的建立［J］．国际经贸探索，2011（11）.

25. 刘克祥，陈争平．中国近代经济史简编［M］．杭州：浙江人民出版社，1999.

26. 刘婿．竞争政策与贸易政策关系浅析［J］．中国特色社会主义研究，2010（2）.

27. 刘文革，高伟．制度变迁的度量与中国经济增长：基于中国1952—2006年数据的实证分析［J］．经济学家，2008（6）.

28. 鲁明泓．制度因素与国际直接投资区位分布：一项实证研究［J］．经济研究，1999（7）.

29. 卢现祥．新制度经济学［M］．武汉：武汉大学出版社，2004.

30. 罗小芳，卢现祥．制度质量：衡量与价值［J］．国外社会科学，2011（2）.

31. 罗纳德·科斯，道格拉斯·诺思．财产权利与制度变迁［M］．上海：上海三联书店、上海人民出版社，1991.

32. 倪晓菁，唐海燕．论制度创新与我国对外贸易发展［J］．石家庄经济学院学报，2005（5）.

33. 马捷，李飞．出口退税是一项稳健的贸易政策吗［J］．经济研究，2008（4）.

34. 潘向东，廖进中，赖明勇．制度因素与双边贸易：一项基于中国的经验研究［J］．世界经济，2004（5）.

35. 潘向东，廖进中，赖明勇．经济制度安排、国际贸易与经济增长影响机理的经验研究［J］．经济研究，2005（11）.

36. 潘镇．制度质量、制度距离与双边贸易［J］．中国工业经济，2006（7）.

37. 乔畅．当前中国国际贸易政策研究［J］．现代经济信息，2012（1）.

38. R. 吉尔平．全球政治经济学：解读国际经济秩序［M］．上海：上海人民出版社，2003.

39. 盛斌．中国对外贸易政策的政治经济分析［M］．上海：上海人民出版社，2002.

40. 孙杰．克鲁格曼的理论“接口”和诺斯的“贸易由制度启动”命题［J］．经济研究，1997（12）.

41. 任重．基于产品内分工的贸易政策研究［J］．中央财经大学学报，2011（3）.

42. 任重，朱延福．论战略性贸易政策与制度环境的稳定性［J］．中南财经政法大学学报，2005（4）.

43. 茹玉骢，金祥荣．合约实施制度与国际贸易文献综述［J］．国际贸易问题，2008（2）.

44. 孙杰．克鲁格曼的理论“接口”和诺斯的“贸易由制度启动”命题［J］．经济研究，1997（12）.

45. 唐海燕，胡立法．中国外贸创新的制度培育［J］．国际贸易问题，2005（6）.

46. 唐海燕．中国对外贸易创新系统构建及其路径［J］．国际贸易，2005（8）.

47. 唐永红．制度创新与外贸发展［J］．云南财贸学院学报，1999（6）

48. 佟家栋，林力．金融危机与中国对外贸易政策和产业政策的思考［J］．南开学报：哲学社会科学版，2009（6）.

49. 涂红．贸易开放、制度变迁与经济增长：基于不同国家规模和发展水平的比较分析［J］. 南开学报（哲学社会科学版），2006（3）.

50. 王俊. 从制度设想到贸易政策：美国碳关税蜕变之路障碍分析［J］. 世界经济与政治，2011（1）.

51. 万荃，年志远，孙彬. 制度质量有效性与稳定性对利率市场化改革的影响［J］. 国际金融研究，2012（10）.

52. 王申宁. 关于后危机时代外贸政策创新的思考［J］. 国际贸易，2010（2）.

53. 王恬，王苍峰. 贸易政策变动对异质性企业生产率的影响：对我国制造业企业数据的实证研究［J］. 世界经济文汇，2010（3）.

54. 王蕾，孙婷. 中国国际贸易政策探析［J］. 经济研究导刊，2010（18）.

55. 吴盼文. 货币政策、财政政策、产业政策、贸易政策、汇率政策协调配合问题研究［J］. 华北金融，2007（10）.

56. 肖利平，郭熙保. 制度质量与追赶型增长：基于中国省域经济的实证研究［J］. 中国工商大学学报：社会科学版，2011（5）.

57. 薛荣久. 中国应转向协调管理型自由贸易政策［J］. 人民论坛：中旬刊，2010（3）.

58. 熊锋，黄汉民. 贸易政策的制度质量分析：基于制度稳定性视角的研究评述［J］. 中南财经政法大学学报，2009（5）.

59. 杨天宏. 口岸开放与社会变革［M］. 北京：中华书局，2000.

60. 姚鹏. 论政策执行成本的困境与消解［J］. 南京工业大学学报，2006（12）.

61. 余官胜. 对外贸易政策与经济增长：度量方法和基于省际面板数据的实证研究［J］. 统计与信息论坛，2010（9）.

62. 俞剑平，张小蒂. 制度创新：国际贸易增长的重要因素［J］. 经济理论与经济管理，2001（8）.

63. 张海伟. 贸易引力模型的扩展及应用综述［J］. 商业经济，2010（2）.

64. 张亚斌. 论国际贸易中的制度资源［J］. 甘肃社会科学，2000（2）.

65. 张伟. 论制度因素对发展中国家贸易的影响：以中国的外贸发展为例［J］. 云南民族学院学报：哲学社会科学版，2003（2）.

66. 郑友揆. 1840—1948 中国的对外贸易和工业发展［M］. 上海：上海社会科学出版社，1984.

67. 战松. 制度与效率：基于中国债券市场的思考. 西南财经大学博士

论文.

68. 钟昌标，李富强．经济制度和我国经济增长效率的实证研究［J］．数量经济技术经济研究，2006（11）.

69. Acemoglu, D. , Johnson, S. , Robinson. J. A. , Reversal of Fortune: Geography and Institutions in the making of the modern world income distribution, *The Quarterly Journal of Economics*, 2002 Nov, vol. 117, no. 4, pp. 1231 – 1294.

70. Anderson, J. E. and Marcouiller, D. (2002), Insecurity and the Pattern of Trade: An Empirical Investigation. Review of Economics and Statistics, 84, 2: 345 – 352.

71. Acemoglu, D. Why Not a Political Coase Theorem? Social Conflict, Commitment and Politics [J], Journal of Comparative Economics, 2003, 31 (4), 620 – 652.

72. Acemoglu, D. , Johnson, S. , Robinson. J. , Institutions as a Fundamental Cause of Long-Run Growth. *Handbook of Economic Growth*, 2005, vol1, partA, pp. 385 – 472.

73. Acemoglu, D. , Robinson, J. A. , Political Power and Institutional Persistence, *American Economic Review*, 2006 May, Vol. 96. no. 2, pp. 325 – 330.

74. Acemoglu, D. , Antràs, P. , Helpman, E . , Contracts and technology adoption, The American economic review, 2007 Jun, vol. 97, no. 3, pp. 916 – 943.

75. Aizenman, J. , Marion, N. , Volatility, Investment and disappointment aversion. National Bureau of Economic Research, Working Paper No. 5386, 1995.

76. Anderson, J. E. , Marcouiller, D. , Insecurity and the pattern of trade: an empirical investigation, *Review of Economics and Statistics*, 2002 May, vol. 84, no. 2, pp. 342 – 352.

77. Basri, M. C. , Patunru, A. A. , How to Keep Trade Policy Open: The Case of Indonesia, 2012 Jul, vol. 48, no. 2, pp. 191 – 208.

78. Berggren N. , Bergh A. , Bjornskov C. , The Growth Effects of Institutional Instability, *Journal of Institutional Economics*, 2012 Jun, vol. 8, no. 2, pp. 187 – 224.

79. Berkowitz, D. , J Moenius, K. , Pistor-Mich. J. L. , Legal Institutions and International Trade Flows, *Michigan Journal of International Law*, 2004 fall.

80. Bhattacharyya, S. , Dowrick, S. , Golley, J. , Institutions and Trade: Competitors or Complements in Economic Development?, *Economic Record*, 2009*Sep*,

vol. 85, no. 270, pp. 318 - 330.

81. Bineswaree, B. and Freund, C. (2004), Trade, Regulations, and Growth. World Bank Policy Research Paper 3255.

82. Borja, K., Trade Policy Instability Index: The Effect of Trade Policy Instability on Economic Growth, *ProQuest Dissertations and Theses*, 2005.

83. Borrmann, A., Busse, M., Institutional Quality and the Gains from Trade, *International Review for Social Sciences*, 2006 Aug, vol. 59, no. 3, pp. 345 - 368.

84. Calvo, G., Costly Trade Liberalization: Durable Goods and Capital Mobility, *International Monetary Fund Staff Papers*, 1988 Sep, vol. 35, No. 3, pp. 461 - 473.

85. Coe, D. T., Helpman, E., International R&D Spillovers, *European Economic Review*, 1995 May, vol. 39, no. 5, pp. 859 - 887.

86. Costinot Arnaud (2009), On the origins of comparative advantage, Journal of International Economics (77): 255 - 264.

87. Davis, L. S., Institutional Flexibility and Economic Growth, *Journal of Comparative Economics*, 2010 Sep vol. 38, no. 3, pp. 306 - 320.

88. Davis, L. S., Intellectual Property Rights, Institutional Quality and Economic Growth, *Journal of International Commerce, Economics and Policy*, 2012, vol. 3, no. 1, pp. 1 - 27.

89. Dent, C. What Difference a Crisis? Continuity and Change in South Korea's Foreign Economic Policy, *Journal of the Asia Pacific Economy*, 2000, vol. 5, no. 3, pp. 275 - 302.

90. Desroches, B., Francis, M., Institutional Quality, Trade, and the Changing Distribution of World Income, *Bank of Canada Working Paper* No. 2006 - 19, 2006 May.

91. Dixit, A. K. Entry and Exit Decisions Uncertainty, *Journal of Political Economy*, 1989 Jun, vol. 97, no. 3, pp. 620 - 638.

92. Dollar, D., Kraay, A., Institutions, trade, and growth, *Journal of Monetary Economics*, 2003 Jan, vol. 50, no. 1, pp. 133 - 162.

93. Elyasiani, E., Jia, J. Y., Mao, C. X., Institutional Ownership Stability and The Cost of Debt, *Journal of Financial Markets*, 2010 Nov, vol. 13, no. 4, pp. 475 - 500.

94. Feenstra, R. C., Hong, C., Ma, H., Spencer, B. J., Contractual Versus Non-Contractual Trade: The Role of Institutions in China, NBER Working Paper No. 17728, 2012 Jan.

95. Fernandez, R., Rodrik, D., Resistance to Reform: Status quo bias in the presence of individual-specific uncertainty, *The American Economic Review*, 1991Dec, Vol. 81 no. 5, pp. 1146 – 1155.

96. Frankel. J. A., Romer, David., Does Trade Cause Growth?, *American Economic Review*, 1999Jun, vol. 89, no. 3, pp. 379 – 399.

97. Gallo, A., Trade Policy and Protectionism In Argentina, Economic Affairs, 2012 Feb, vol. 32, no. 1, pp. 55 – 59.

98. Gani, A., Prasad, B. C., Institutional Quality and Trade in Pacific Island Countries, *Asia-Pacific Research and Training Network on Trade Working Paper Series No.* 20, 2006 Oct.

99. Giavazzi, F. and Tabellini, G., Economic and Political Liberalizations, Journal of Monetary Economics, 2005Oct, Vol. 52. No. 7 pp. 1297 – 1330.

100. Greif, A, Contract Enforceability and Economic Institutions in Early Trade: the Maghribi Trades' Coalition, The American Economic Review, 1993, vol. 83, no. 3, pp. 525 – 548.

101. Handley, K., Exporting Under Trade Policy Uncertainty: Theory and Evidence, *WTO working paper series ERSD* – 2011 – 20, 2011.

102. Handley, K., Limao, N., Trade and Investment under Policy Uncertaint: Theory and Firm Evidence, *Working Paper of University of Maryland*, 2011.

103. Hayek, F. A. Competition as a Discovery Procedure In New Studies in Philosophy, Politics and Economics, University of Chicago Press 1978.

104. Heckelman J. C., Benjamin P., Corruption and the Institutional Environment for Growth, *Comparative Economic Studies*, 2010 July, Vol. 52, pp. 351 – 378.

105. Helpman, E., A. Razin. Uncertainty and International Trade in the Presence of Stock Market [J]. Review of Economic Studies, 1978, 45 (2), 239 – 250.

106. Henri L. F. de Groot., Linders, G., The Institutional Determinants of Bilateral Trade Patterns, *International Review for Social Sciences*, 2004 Feb, vol. 57, no. 1, pp. 103 – 123.

107. Hoekman B. , Trade Policy, Trade Costs, and Developing Country Trade, *World Development*, 2011 Dec, vol. 39, no. 12, pp. 2069 – 2079.

108. Jansen, M. and Nordås, H. K. (2004), Institutions, Trade Policy and Trade Flows. Staff Working Paper ERSD – 2004 – 02, WTO.

109. Johnson, S. , Ostry, J. , The Prospects for Sustained Growth in Africa: Benchmarking the Constraints, *IMF Working Paper* 07/52, 2007.

110. Joseph A. LiPuma, S. L. , The effect of institutional quality on firm export performance in emerging economies: a contingency model of firm age and size, *Small Business Economics* 2011, DOI: 10. 1007/s11187 – 011 – 9395 – 7.

111. Klomp, J. , Haan, J. , Political Institutions and Economic Volatility, European Journal of Political Economy, 2009Sep, Vol. 25, no. 3, pp. 311 – 326.

112. Knight, J. , Johnson, J. , The Priority of Democracy: A Pragmatist Approach to Political-Economic Institution and the Burden of Justification, *American Political Science Review*, 2007Feb, vol. 101, no. 1, pp. 47 – 61.

113. Levchenko. , A. A. , Institutional Quality and International Trade, *Review of Economic Studies*, 2007, vol 74, no. 3, pp. 791 – 819.

114. Levchenko, A. A. , International Trade and Institutional Change, NBER Working Paper No. 17675, 2011 Dec.

115. Levitsky, S. , Murillo, M. , Variation in Institutional Strength, *Annual Review of Political Science*, 2009Jun, vol. 12, pp. 115 – 133.

116. Mahoney, J. , Thelen, K. , A Theory of Gradual Institutional Change, Cambridge University Press, 2010.

117. Marin, D. , Schnitzer, M. , *Contracts in Trade and Transition: The Resurgence of Barter*, MIT Press 2002.

118. Matthias, Busse, 2006, Institutional Quality and the Gains from Trade, HWWA Discussion Paper 341 March 21.

119. Meon, P. G. , Sekkat, K. , Institutional quality and trade: Which institutions? Which trade? *Economic Inquiry*, 2008 April, vol. 46, no. 2, pp. 227 – 240.

120. Na-Chiengmai, D. (2001), The Impact of the Institutions on International Trade and Investment. Ph. D. Dissertation of University of California, Irvine.

121. Niclas, Berggren, Andreas Bergh, Christian Bjornskov, 2009, The Growth

Effects of Institutional Instability, Ratio Working Papers, 2009 (5).

122. Olson, M. , *The Rise and Decline of Nations: Economic Growth, Stagflation, and Social Rigidities*, Yale University Press, 1982.

123. Papageorgiou, D, Michaely, M. and Choksi, A. M. Liberalizing Foreign Trade. Lessons of Experience in the Developing World [J]. Basil Backwell. 1991 (7): 385 – 400.

124. Pierre-Guillaume, Meon, Khalid Sekkat, 2006, Institutional quality and trade: Which institutions? Which trade? Document De Travail working papers No 06 – 06.

125. Ptilik, H. , The Path of Liberalization and Economic Growth, *Kyklos*, 2002 Feb, vol. 55, no. 1, pp. 57 – 80.

126. Ranjan, R. , Young L. , Contract Enforcement and International Trade, *Economicsand Politics*, 2007 July, vol. 19, Issue 2, pp. 191 – 218.

127. Rauch, J. Trindade, V Ethnic Chinese Networks in International Trade, *The Review of Economics and Statistics*, 2002 Feb, vol. 84, no. 1, pp. 116 – 130.

128. Robbins, B. G. , Institutional Quality and Generalized Trust: A Non-recursive Causal Model, *Social Indicators Research*, 2012 Jun, vol. 107, no. 2, pp. 235 – 258.

129. Rodrik, D. , Trade Policy Reform as Institutional Reform, http://ideas. repec. org/p/idb/brikps/8750. html.

130. Rodrik, D. , Subramanian, A. , Trebbi, F. , Institutions Rule: The Primacy of Institutions over Geography and Integration in Economic Development, *NBER Working Paper No.* 9305, 2002 Nov.

131. Rogowski, R. , *How trade affects domestic political alignments*, Princeton UniversityPress, 1989.

132. Romer, P. , Endogenous Technological Change, *The Journal of Political Economy*, 1990, vol. 98 No. 5, pp. 71 – 102.

133. Ronald B. , Mitchell. , *Evaluating the Performance of Environmental Institutions: What to Evaluate and How to Evaluate It?* MIT Press, 2008.

134. Sambit B. , Trade liberalization and institutional development, *Journal of Policy Modeling*, 2012 Apr, vol. 34, no. 2, pp. 253 – 269.

135. Sato, M. , Samreth, S. , Sasaki, K. , Stability of Sustainable Development

Path and the Institution, http: //www. webmeets. com/files/papers/EAERE/2011/624/Stability%20of%20SD%20path. pdf 2011 June 17.

136. Slabe-Erker, R. , Klun, M. , The Contribution of Institutional Quality to Lowering Company Compliance Costs, *African Journal of Business Management*, 2012 Feb, vol. 6, no. 8, pp. 3111 -3119.

137. Sjoerd, Beugelsdijk. et. al, 2004, Cultural Distance, Institutional Distance and International Trade, http: //ideas. repec. org/p/wiw/wiwrsa/ersa04p265. html (8).

138. Stanley L. Engerman K. L. , Institutional and non-institutional explanation of economic differences, *Working Paper* 9989, 2003 Sep.

139. Thanh L. , Trade, Remittances, Institutions, and Economic Growth, *International Economic Journal*, 2009. vol. 23 (3), pp. 391 -408.

140. Teles VK. , Institutional Quality and Endogenous Economic Growth, *Journal of Economic Studies*, 2007, vol 34, no. 1, pp. 29 -41.

141. Toke S. A. , Corruption, institutions, and economic development, *Oxford Review of Economic Policy*, 2009, vol25, no. 2, pp. 271 -291.

142. Valman, M. , Institutional Stability and Change in the Baltic Sea: 30 Years of Issues, Crises and Solutions, Marine Policy, 2012 Mar, vol. 38, pp. 54 -64.

143. Von H. J. , Lutz, S. , Fiscal and Monetary Policy on the Way to EMU, *Open Economies Review*, 1996, vol7, no4, pp. 299 -325.

144. Wei S. J. , How Taxing is Corruption on International Investors?, *Review of Economics and Statistics*, 2000 Feb, vol. 82 no. 1 pp. 1 -11.

145. Young, O. R. , *The Effectiveness of International Environmental Regimes: Causal Connection and Behavioral Mechanisms*, MIT Press, 1999.

146. Yu, MJ. , Trade, Democracy and The Gravity Equation, *Journal of Development Economics*, 2010 Mar, vol. 91, no. 2, pp. 289 -300.

147. Zhao M. , Fogel K. , Trade Liberalization and Institutional Reform, *Asian EconomicPapers*, 2010 summer vol. 9 pp. 44 -71.

后 记

本书为国家社科基金项目《推进外贸体制改革研究》（07BJL0042）的最终成果。该项目几经周折于2013年3月得以结项，并获得优秀结项等级。该项目实际为我与我的博士生团队集体研究的成果，主要研究人员包括韦玮、熊锋、郭苏文、郑先勇、张莉等。该成果因种种原因一直未能出版，此次能够得以出版，衷心感谢中南财经政法大学发展规划部、学科建设办公室的大力资助。虽然该书的实际完成是在5年之前，但相关成果至今仍具有一定的参考价值。为真实反映或体现该成果的原有研究价值，此次出版未进行大的修改，只是作了某些文字上的调整。该书在形成过程中参考了众多作者的著作、论文等文献，限于篇幅，未能全部列出。在此，对所有作者一并予以致谢。由于我们学术水平有限，书中可能存在错误或不当之处，恳请学界同仁及读者批评指正。

黄汉民

2019年7月于南湖